스쳐지나갈 것들로
인생을 채우지 마라

나답게 살기 위한 30가지 삶의 태도

스쳐지나갈 것들로 인생을 채우지 마라

고은미 지음

한밤의책

머리말

덧셈보다 뺄셈을 잘할 때 인생은 풍요해진다

얼마 전, 부모님 댁의 창고 정리를 도와드리던 중 아주 흥미로운 물건을 발견했다. 그것은 바로 20여 년 전에 썼던 일기였다. 먼지를 닦고 펼쳐 보니, 기억에서 지워져 낯설면서도 내 것임이 분명한 글씨들이 페이지마다 빼곡하게 말라붙어 있었다.

대청소를 마치고 휴식을 취하며 옛날 일기장을 천천히 읽어 보았다. 기뻤던 일이나 자랑스러웠던 일은 물론 슬펐던 일이나 부끄러웠던 일까지 세세하게 적혀 있어, 오랜 세월 동안 희미하게 바랜 기억이 새록새록 떠올랐다.

재밌는 점은 그런 기억이 떠오르는 동안 내 감정이 고요함과 차분함을 유지했다는 사실이다. 분명 일기를 쓸 당시에는 마음고생이 심한 나머지 눈물까지 뚝뚝 떨구곤 했는데 말이다. 20여 년이나 지났으니 당연한 얘기처럼 들릴 수도 있겠다. 그러나 실은 이 안에 인간 마음의 근본적인 법칙이 담겨 있다. 바로 '감정'의 지속시간은 그리 길지 않다는 것이다.

강렬한 감정이 솟아오를 때, 우리 몸에선 호흡이 거칠어지거나 심장이 빨리 뛰는 등 변화가 일어난다. 가끔은 땀도 난다. 이러한 반응은 신체의 활동성을 높인다. 한마디로 감정은 눈앞의 상황에 즉각적으로 대처하기 위한 '비상 대응 모드 스위치' 같은 것으로, 신체 또한 이에 반응하는 것이다.

그러나 상황은 시시각각 변한다. 가슴을 먹먹하게 만들고 숨쉬기조차 힘들게 만들었던 감정도 하룻밤 자고 나면 조금씩 잦아들고, 며칠을 더 지나면 사그라들고, 몇 주가 지나면 마침내 언제 그랬냐는 듯이 사라지고 만다.

일기를 읽을수록 이 사실을 점점 더 또렷하게 확인할 수 있었다. 친구에게 느낀 서운함을 절대로 잊지 않을 거라고 다짐했건만 이틀 만에 마음이 풀려 함께 놀러 다닌 적도 있었고, 엄청나게 불안해했던 일이 막상 닥치니까 별것 아니었던 적도 있었다.

일기장을 덮으며, 나는 두 가지를 느꼈다. 첫째, 무엇이 중요한 일이고 아닌지는 그 순간엔 모른다. 둘째, 긴 호흡으로 보면 무조건 나쁜 일도, 무조건 좋은 일도 없다. 그냥 다가왔다가, 지나갈 뿐이다.

물론 지금 당장 그 사실을 깨닫기는 쉽지 않다. 인생의 국면마다 맞이하는 사건들은 저마다 '나를 무시하면 후회할 거야'라고 다그치며 우리 마음을 조급하게 만들기 때문이다. 그러나 그중 정말로 중요한 일은 손에 꼽을 정도로 적다. 어쩌면 그 손에 꼽을 정도로 중요한 일조차 다시 몇 년이 지나면 아무 일도 아니게 될지 모를 일이다.

그러니 흘려보낼 일은 흘려보낼 줄도 알아야 하고, 털어버릴 일은 털어버릴 줄도 알아야 한다. 이 사실을 깨닫지 못하고 모든 감정을 짊어지려 했다간 마음은 균형을 잃고 무너진다. 마음의 병이 생기는 이유다.

그렇다면, 마음의 균형을 잡기 위해선 어떻게 해야 할까? 답은 간단하다. 나를 찾아온 고민을 꽉 쥐고 있지 말고, 가만히 놓아주면 된다.

"'뭘 더 먹을지'가 아니라, '뭘 안 먹을지'부터 생각하셔야죠."

건강 문제로 찾은 병원에서 "좋아지려면 무엇을 먹어야 할까요?"라고 묻자, 의사는 이렇게 대답했다. 몸에 좋다고 해서 가리지 않고 많이 먹으려는 과욕이 오히려 영양 균형을 무너뜨리고 건강을 해친다는 의미였다. 병원을 나서 일상으로 돌아온 뒤에도 의사의 한마디가 마음속을 떠나지 않았다.

어디 먹는 것뿐이랴. 지금 우리가 사는 세상은 입

는 것, 사는 것, 보는 것, 하는 것에 이르기까지 '꼭 해야 할 일'로 넘쳐나지 않던가. 여행지에 가면 꼭 명소에 들러서 인증샷을 찍어야 하고, 요즘 유행이라는 영화나 드라마는 꼭 봐야 하고, 계절마다 예쁘다는 옷은 꼭 사야 하듯 말이다.

그런데 정작 그런 식의 생활이 나를 정말로 기쁘게 해준 적이 있던가? 아니, 전혀 그렇지 않았다. 그런 따라잡기식 생활로는 진실로 내 마음을 충만하게 해주는 깊은 만족감을 느낄 수 없었다. 오직 뒤처지고 있다는 불안감과, 적어도 뒤처지진 않았다는 안도감 사이에서 흔들릴 뿐이었다. 나는 바로 그런 불안으로부터 도망치기 위해 내 삶을 헛된 과잉으로 가득 채웠던 셈이다.

마음이 편안한 삶을 원한다면 이런 헛된 과잉을 미련 없이 놓아야 한다. 카메라를 놓으면 여행지의 찬란한 풍광이 내 눈에 담기고, 유행을 좇지 않으면 나만의 취향이 생긴다. 과잉에 시달린 어제와 작별할 때, 내 삶은 내 몸에 꼭 맞는 형태로 줄어든다. 이런 인생을 사는 사람은 마치 맞춤옷을 입은 사람처럼 맵시가 난다.

나는 이 책을 쓰면서 우리 마음을 힘들게 만드는 원인을 찾고 이를 떠나보내는 방법을 전하고자 했다. 이 과정은 결국 나도 모르는 새 나를 옭아매는 과잉 사회의 압력을 덜어내고 비우는 과정일 수밖에 없다. 이를 위해 책에서는 자존감, 인간관계, 업무, 일상, 앞으로의 인생이라는 다섯 가지 주제에 걸쳐, 쓸데없는 생각들로 가득 찬 마음을 비우는 데 필요한 심리학 법칙을 소개하고 있다. 뭔가를 꼭 해결해야 한다는 압박에 불안하고 심장이 쿵쾅거릴 때, 그것이 머지않아 지나가 버릴 일에 불과하다는 사실을 깨닫는다면 허둥대는 마음을 편안하게 진정시키고 따스하게 다독일 수 있을 것이다.

물론 한 사람 한 사람 삶의 모습이 다르듯 각자에게 필요한 삶의 기준도 다를 수밖에 없다. 그러니 여기 쓰인 내용을 그대로 따르라고는 말하지 않겠다. 하지만 이 책을 읽다가 자신과 비슷한 상황을 마주한다면, 한 번쯤 따라 해 보기를 권하고 싶다. 인간의 고민은 세세한 부분은 다를지언정 큰 틀에서는 누구나 비슷하기 때문이다. 당신을 괴롭히는 바로 그 문제 때문에 나 또한 오래도록 고민했다. 내 고민의 흔적이 여러분에게도 도움이 되리라 믿는다.

독자 여러분이 이 책에 담긴 내용을 자기 삶에 맞게끔 덜어내고 더하며, 인생을 꾸려나갈 자신만의 기준을 세울 수 있다면 더 바랄 것이 없으리라. 만약 그렇지 않더라도 내가 좌충우돌한 모습을 읽으며 쓰디쓴 인생에 한 줄기 미소를 지을 수 있다면, 그것으로도 이 책의 소임은 충분히 다한 셈이 되겠다. 이 책의 마지막 장을 덮을 즈음엔 부디 우리 모두의 인생이 조금 더 알차고 가벼워질 수 있기를 진심으로 바란다.

차례

3장 일어나지 않은 일로 힘들어하지 마라

4장 오늘의 행복을 내일로 미루지 마라

5장 버려야 할 것들로 삶을 채우지 마라

1장

남 눈치 보느라
나를 괴롭히지 마라

'원하는 것'과 '좋아하는 것'은 다르다

우리는 흔히 더 뛰어난 것을 원한다. 더 성능 좋은 스마트폰, 더 빼어난 연인, 더 넓은 집 같은 것들 말이다. 이런 것들을 보면 갖고 싶다는 생각이 든다. 원하는 것을 손에 넣으면 분명 행복해질 것 같다.

그러나 이는 사실 착각이다. 왜냐하면, 행복은 '원하는 것'이 아니라 '좋아하는 것'을 가질 때 찾아오기 때문이다. 원하는 것wanting과 좋아하는 것liking은 겹칠 수 있지만 완전히 동일하지는 않다. 간단히 설명하면 이렇다. 우리는 자신이 가지지 못한 것을 원한다. 그러나 좋아하는 것은 이미 가지고 있을 수도 있고, 그렇지 않을 수도 있다.

그렇다면 우리는 원하는 것과 좋아하는 것을 어떻게 구분할 수 있을까? 두 가지 사례를 통해 이들의 차이를 자세히 살펴보도록 하자.

대중들에게도 유명한 심리학자 김경일 교수는 어느 강의에서 다음과 같은 이야기를 들려주었다. 그는 어린이날을 맞아 아이를 데리고 놀이공원에 갔다. 화창한 날씨 아래 한가로운 휴일을 만끽하던 중, 그의 아이는 주변 아이들의 손에 들린 풍선을 보았다. 이내 아이는 자신도 풍선이 갖고 싶다며 사 달라고 졸랐다. 교수는 형형색색의 풍선을 부러운 듯 바라보는 자식에게 풍선을 사 주었다. 아이는 풍선 하나에 세상을 다 가진 것처럼 기뻐했다.

그러나 얼마 지나지 않아, 신이 나서 뛰어다니던 아이가 그만 손에 든 풍선을 놓치고 말았다. 그 순간 교수는 생각했다. '이크, 그렇게 원하던 풍선을 잃어버렸으니 울면서 다시 사 달라고 떼를 쓰겠구나!' 그러나 놀랍게도, 아이는 아무렇지 않은 얼굴로 계속 뛰어놀았다고 한다.

또 다른 교수 이야기를 해 보자. 이번에는 하버드대학교 심리학 교수인 탈벤 샤하르Tal Ben Shahar의 이야기다. 그의 아들은 작은 장난감 하나를 아주 애지중지하며 언제나 가지고 다녔다고 한다. 가족들과 함께 외출한 그날도 아들은 그 장난감을 손에 꼭 쥐고 있었다. 그런데 집으로 돌아오는 길에 그만 엘리베이터 문 틈새로 장난감을 떨어트리고 말았다. 그러자 아이는 그 자리에 멈춰 서서 서럽게 울기 시작했다. 교수가 훨씬 더 좋은 것으로 사 준다며 달래 봤지만 소용이 없었다.

두 가지 사례에서 원하는 것과 좋아하는 것을 구분하는 가장 큰 차이를 알아낼 수 있다. 바로 '그것을 손에 넣은 다음에도 소중하게 여기느냐'다. 첫 번째 사례의 경우, 아이는 남들은 다 가지고 있는데 나만 없다는 이유로 풍선을 원했다. 풍선을 획득한 순간 그 부러움은 끝났다. 그래서 아이는 풍선을 소중하게 여기지 않았고, 풍선을 잃어버렸을 때도 별 아쉬움이 없었다. 반면 두 번째 사례의 경우, 아이는 장난감 그 자체를 진심으로 좋아했기에 늘 가지고 다니며 소중하게 다뤘다. 그래서 장난감을 잃어버렸을 때 큰 상실감을 경험했다.

우리도 마찬가지다. 최신형 스마트폰을 처음 손에 넣었을 때는 새롭고 다양한 기능에 감탄하며 애지중지 들고 다닌다. 그러나 얼마 지나지 않아 결국 쓰던 기능만 쓰고, 소홀히 하다가 어딘가 고장이 나지 않던가. 한편, 좋아하는 것은 다르다. 여행지에서 운명처럼 만난 옷은 유행이 지나더라도 애착이 간다. 허리둘레가 늘어나 입지 못하게 되더라도, 잘 다리고 단정히 개켜 옷장에 넣어두는 것만으로도 기분이 좋다.

상상해 보자. 두 사람이 당신에게 고백을 했는데, 한 사람은 "나는 널 원해"라고 말했고 다른 한 사람은 "나는 널 좋아해"라고 말했다. 어떤 느낌이 드는가? 여러분은 둘 중 어떻게 말하는 사람과 친해지고 싶은가? 그리고 오래 함께하고 싶은가?

사람이든 물건이든, 무언가를 원하는 사람은 하염없이 자신이 원하는 대상을 떠올린다. 하지만 이것은 눈속임일 뿐이다. 그가 진정으로 원하는 것은 원하는 대상 그 자체가 아니라, '그것을 가진 나'다. 이런 사람은 '그것을 가진 미래의 나'와 '그것을 가지지 못한 지금의 나'를 끊임없이 비교한다. 그리고 '가지지 못한 나'로부터 벗어나고 싶어 한다. 그래서 원하는 것만 이루면, 그것만 갖게 되면 지금보다 훨씬 행복하고 완전해질 것이라 믿는다. 하지만 막상 원하는 것을 손에 넣거나 이루게 되면 행복과 만족의 마음은 순식간에 사라진다. 그리고 또 다른 것으로 눈길을 돌린다.

반대로 무언가를 좋아하는 사람은 그 대상 자체를 아끼고 사랑하고 소중하게 여긴다. 그래서 새로운 것이 있어도 쉽게 눈길을 주지 않는다. 만족하는 마음이 오래 지속되는 것이다. 우리의 옷장을 생각해 보라. 살 때는 너무나 갖고 싶었지만 정작 배송받은 후에는 한 번도 꺼내 입지 않은 옷들이 얼마나 많은가. 하지만 자신이 정말로 좋아하는 옷은 오래되었어도 자주 입게 되고, 자주 눈길을 주게 되고, 입을 때도 편안하고 만족도도 높다.

실제로 우리 뇌 역시 원하는 것을 대할 때와 좋아하는 것을 대할 때 각각 다르게 작동한다. 쥐의 뇌를 관찰한 실험연구가 이를 잘 보여 준다.

심리학자 켄트 베리지Kent Berridge와 엘리엇 발렌스타인Elliot Valenstein은 우리 속에 쥐가 그리 좋아하지 않는 먹이를 차려둔 뒤, 쥐의 뇌에 전극을 심어 전기 자극을 가했다. 이들이 자극한 부위는 '외측시상하부'라는 영역인데, 이 부위는 포유류가 쾌감을 느낄 때 활성화되는 곳으로 알려져 있다. 따라서, 연구진은 전기 자극을 받은 쥐들이 평소 싫어하는 먹이에도 쾌감을 느껴 맛있게 먹을 것으로 예상했다.

실제로 쥐들은 먹이를 게걸스럽게 먹긴 했다. 그런데 조금 더 자세히 관찰하자 쥐들의 행동이 조금 이상했다. 음식을 정신없이 먹는 한편으로 연신 머리를 흔들고 얼굴을 비벼대는 게 아닌가.

쥐는 자신이 좋아하는 음식을 대할 때와 싫어하는 음식을 대할 때의 행동이 극명하게 다르다. 좋아하는 음식을 보면 앞발을 핥고 혀를 내밀거나 입과 턱을 움직이지만, 싫어하는 음식 앞에서는 머리를 흔들고 얼굴을 비벼댄다. 쥐들이 보인 행동은 후자였다. 즉 실험에 투입된 쥐들은 외측시상하부의 자극으로 인해 음식물을 원한다는 충동을 느꼈을 뿐, 절대 그 음식에서 만족감을 느낀 것이 아니었다.

이 실험은 원하는 것과 좋아하는 것이 다를 수 있다는 사실을 보여준다. 마치 마약 중독자가 마약을 절실히 원하지만, 그렇다고 마약을 좋아하는 것은 아니듯 말이다.

따라서 원하는 것으로 삶을 가득 채운다고 해서 반드시 인생이 만족스러워진다고 할 수는 없다. 이를 착각하면 잠깐의 욕구에 휘둘려 좋아하지도 않는 것으로 인생을 그득그득 채우게 된다. 그런 인생의 끝에는 공허하고 텅 빈 마음만 남을 것이다. 그러니 평소에 이 둘을 구분해서 생각하는 습관을 들여야 한다. 이는 물건의 영역뿐 아니라, 일이나 사람과의 관계 등 삶의 모든 영역에 적용된다.

물론 살다 보면 꼭 좋아하는 일만, 좋아하는 물건만, 좋아하는 사람만 골라잡을 수는 없다. 이때 도움이 되는 선택 기준이 있다. 바로 그 대상이 '나에게 현실적으로 필요한 것needing인가'다. 예를 들어 내가 어떤 시계를 구매한다고 가정해 보자. 이 경우 시계를 살지 말지 결정할 수 있는 기준 세 가지는 다음과 같다.

- 나는 저 시계를 원하는가?
- 나는 저 시계를 좋아하는가?
- 나에게 저 시계가 필요한가?

가장 이상적인 것은 이 세 가지 조건에 모두 '그래, 맞아!'라고 대답할 때다. 그렇다면 망설이지 말고 그 시계를 구매하면 된다. 최고의 소비다. 이런 소비를 하려고 평소에 열심히 일하는 게 아니겠는가?

세 가지를 모두 만족하지 못하더라도, 두 가지를 만족한다면 제법 괜찮은 소비다. 하지만 한 가지밖에 만족하지 못한다면 다시 생각해 볼 필요가 있다. 이때 우선순위는 필요한 것, 좋아하는 것, 원하는 것 순이다. 생필품처럼 꼭 필요한 것이라면 후회할 일이 없다. 한편 필요하진 않지만 좋아하는 것이라면, 기분은 좋겠지만 얇아진 지갑을 보며 조금 후회할 수도 있다. 그러나 필요하지도 좋아하지도 않으면서 그저 '이런 게 하나쯤 있었으면 좋겠다'라는 마음으로 냉큼 사 버린다면, 기쁜 마음은 머잖아 사라지고 후회만 남을 가능성이 높다.

업무나 취미도 마찬가지다. 내가 원하고, 좋아하고, 필요한 일이라면 이상적이다. 세 가지를 모두 만족하지 못하더라도, 필요한 일, 좋아하는 일, 원하는 일 순으로 우선순위를 정하면 후회할 일이 줄어든다.

단, 사람과 사람 사이의 관계에서는 조금 다르다. 사람은 단순히 필요나 욕구의 대상이 아니기 때문이다. 이때는 우선순위를 조금 바꿔 줄 필요가 있다. 내 경우엔 좋아하는 사람, 필요한 사람, 원하는 사람 순이다. 물론 세 가지 조건에 모두 부합되는 사람이라면 더할 나위 없겠지만 말이다.

이렇게 기준을 정해두면 물건을 사거나, 업무를 보거나, 사람을 대할 때 결정을 내리기가 훨씬 쉬워진다. 원하는 것에만 초점을 맞추고 살아가는 좁은 시야에서 벗어나, 내가 무엇을 좋아하고 또 필요로 하는지를 살펴볼 수 있는 넓은 시야를 갖게 되기 때문이다. 이로써 우리는 자신의 삶을 단순한 욕구뿐만 아니라 진정한 행복으로 채울 수 있다.

처음에는 이 세 가지를 구분하는 일이 헷갈리고 번거로울 수도 있다. 그렇다면 연습 삼아 마트에서 물건을 고를 때처럼 사소한 일에서부터 이 원칙을 적용해보자. 차근차근 익숙해진다면 머지않아 굳건한 나만의 기준을 세울 수 있을 것이다.

프랑스의 철학자 장-폴 사르트르Jean-Paul Sartre는 "인생은 B와 D 사이의 C다"라고 말했다. 삶이란 탄생

Birth와 죽음Death 사이의 선택Choice이라는 의미다. 인생을 수놓는 숱한 결정들 사이를 단순히 순간의 욕구에 휘둘려 다닌다면 참으로 피곤하지 않겠는가? 정말 만족스러운 삶을 원한다면 인생을 긴 관점에서 바라본 자신만의 기준을 세우자. 이것이 바로 나답게 살아가기 위해 필요한 우선순위이며, 진정으로 행복해지는 길이다.

생각 없이 행동하면
나쁜 습관만 늘어난다

책상 위에 올려둔 스마트폰의 새까만 화면이 일순간 밝아지며 생기가 돈다. SNS 메시지가 도착했다는 알림이다. 이럴 때면 뭘 하는 중이든 손부터 뻗게 된다. 걷는 중이든, 일하는 중이든, 대화하는 중이든, TV를 보는 중이든, 밥을 먹는 중이든, 수업을 듣는 중이든…. 어떤 일을 하든 예외는 없다.

우연히 알게 된 사람 중에 자신의 별명을 '카톡 요정'이라고 소개한 분이 있었다. 처음엔 그 별명이 카톡 메시지를 예쁘게 보내서 붙은 별명이라고 생각했다. 하지만 진짜 이유를 듣자 나도 모르게 웃음이 터졌다. '카톡 요정'이란 '하루 종일 카톡만 붙잡고 사는 사람'이라는 뜻이었다. 그도 그럴 것이, 카톡을 받자마자 확인하고 답장을 보내는 습관이 있었기 때문이다. 제법 짓궂은 별명이었다.

그는 '카톡 요정'이란 오명에서 벗어나고 싶어 했다. 하지만 메시지가 도착했다는 알림이 울리면 자신의 의지와는 상관없이 손이 먼저 움직인다고 했다. 이처럼 급하게 확인하고 답장을 보내는 바람에 실수한 적도 많아 고치려고 했지만, 매번 실패하기만 했다며 쓴웃음을 지었다. 그의 이야기를 들으며 나 또한 괜히 찔리는 듯한 기분이 들었다.

우리 몸은 외부 자극에 다양한 방식으로 반응하는데, 그중 무릎반사knee-jerk reflex라는 작용이 있다. 발이 바닥에 닿지 않을 만큼 높은 의자에 앉아 두 다리에 힘을 빼 보자. 이때 무릎뼈 밑부분을 가볍게 치면 무릎 아래 다리가 자동으로 튀어 올라온다. 이것이 무릎반

사다. 이 동작은 자신의 의지와는 상관없이 일어난다. 마치 눈앞에서 갑자기 박수를 치면 자동으로 눈을 감게 되는 것처럼 말이다.

우리 마음에도 반사와 비슷한 현상이 일어난다. 특정한 단어만 들으면 화가 나거나, 혹은 특정한 상황에만 처하면 몸이 얼어붙은 경험이 있지 않은가? 곰곰이 생각할 틈도 없이 즉각적으로 말이다. 이처럼 자신의 의지와 무관하게, 너무나 순식간에 일어나는 마음의 변화를 심리학에서는 '심리적 반응reaction'이라고 부른다.

반사reflex와 반응reaction의 공통점은 외부 자극에 자동으로 반응한다는 것이다. 의지나 판단이 끼어들 틈도 없이 말이다. 물론 차이점도 있다. 무조건 반사는 우리 몸을 보호하기 위해 인간의 유전자에 새겨진 기본값이다. 배우고 싶어서 배우는 것도 아니거니와, 잊거나 없앨 수도 없다. 반면 심리적 반응은 성장 과정에서 학습을 통해 형성된 습관이다. 이 말은 노력과 연습을 통해 얼마든지 바꿀 수 있다는 뜻이다.

반대로 말해, 주의를 기울이지 않는다면 우리 마음은 굳어진 습관대로 반응하기 쉽다. 이를 자동 조종 모드autopilot mode 상태라고 부른다. 이는 비행기 조종법에서 유래한 용어로, 의식적인 생각 없이 몸이 자동으로 움직이는 상태를 의미한다. 우리의 일상적 행위 대부분이 자동 조종 모드 상태로 움직인다. 마치 파일럿이 조종간에서 손을 떼고 커피를 마셔도 비행기가 알아서 움직이는 것처럼 말이다. 물론 이런 자동 조종 모드가 무조건 나쁜 것만은 아니다. 그 덕분에 우리는 양치하고, 세수하고, 밥 먹고, 걷는 것을 매번 다시 배워야 할 필요가 없다. 숟가락 잡는 법 따위조차 하나하나 의식하고 신경 쓰고 판단해서 움직이면 얼마나 피곤하겠는가?

문제는 손으로는 이를 닦으면서, 머릿속으로는 어제 본 드라마 생각, 오늘 할 일 생각, 주말에 친구 만날 생각에 빠져 있다는 것이다. 즉, 몸은 여기에 있지만 마음은 과거, 미래 혹은 다른 생각에 끌려다니는 상태다. 이렇게 몸이 있는 곳에 마음이 함께 하지 않을 때, 충동적이고 습관적인 반응이 튀어나올 가능성 또한 높다.

하지만 다행히 우리는 이런 자동 조종 모드에서 벗어날 수 있다. 오스트리아의 정신과 의사 빅터 프랭클은 자서전《삶의 의미를 찾아서》에서 이렇게 말했다. "외부 자극과 나의 반응 사이엔 빈 공간이 있다. 우리에겐 그 공간에서 어떻게 반응할지 선택할 힘이 있다. 여기서 어떤 선택을 하느냐에 자신의 성장과 자유가 달려 있다." 허울 좋은 소리 같은가? 하지만 그는 이런 정신을 통해 지옥과도 같았던 아우슈비츠 수용소에서 인간성을 잃지 않고 살아남아, 정신의학의 역사에 뜻깊은 발자국을 남길 수 있었다.

그렇다면 자동 조종 모드에서 벗어나 주도적으로 행동하고 싶을 때 가장 먼저 해야 할 일은 무엇일까? 바로 '일단 멈춤'이다. 습관화된 반응은 달리고 있는 자동차와 같다. 운전자가 페달에서 발을 떼더라도 자동차가 계속 앞으로 나아가는 것처럼, 의식하지 않으면 몸과 마음은 자동 조종 모드의 항로를 그대로 따라 간다. 사고가 나지 않으려면 브레이크 페달을 꾹 밟아 자동차를 멈춰야 하는 것처럼, 습관화된 반응을 피하기 위해선 제멋대로 뻗어가는 심리적 연쇄를 온 힘을 다해 멈춰야 한다.

이를 쉽게 하고 싶다면 스스로 "잠깐!"이라고 말을 걸어 보자. 그리고 자신이 취하고 있는 동작 하나하나에 의식을 집중해 보자. 눈에 보이는 것들, 귀에 들리는 소리, 손에 느껴지는 촉감, 자신이 취하고 있는 자세 등을 천천히 되새겨 보는 것이다. 이렇게 현재에 집중할수록 습관적이고 충동적인 반응 대신 사려 깊고 의식 있는 반응을 할 수 있다.

이때의 반응은 'reaction'이 아닌 'response'라고 한다. 한국어로는 이 둘을 모두 '반응'이라고 번역해서 사용하지만, 그 성격은 전혀 다르다. 마치 한숨과 심호흡이 다르듯이 말이다. 똑같이 깊은 호흡이지만 한숨은 부정적인 생각에 빠져 자신도 모르게 자동으로 내쉬는 숨이라면, 심호흡은 의식적으로 자신의 호흡 동작과 드나드는 공기의 흐름에 집중하는 숨이다. 한숨을 내쉬고 난 뒤의 기분과 심호흡을 하고 난 뒤의 기분을 비교해 보면 이해가 빠를 것이다.

이렇게 습관화된 반응을 이겨내고 의식을 집중해 내린 반응의 경우 '응답'이라고 부르는 게 더 적합할 것 같다. 반응이란 말은 수동적인 느낌이 들지만, 응답은 더 의지적이고 능동적인 느낌이 들기 때문이다.

이런 노하우를 일상에서도 연습해볼 수 있다. 전화 벨이나 SNS 메시지 알람이 울릴 때 바로 확인하는 대신, 두세 번 깊게 숨 쉰 후 스마트폰을 보자. 이뿐만 아니라 세수하거나, 이를 닦거나, 걷고 있을 때 자신의 동작에 의식을 집중해 보는 것도 좋다. 이때 "내가 얼굴을 씻고 있구나", "내가 이를 닦고 있구나", "내가 걷고 있구나" 하고 자신의 행위를 속으로 되새겨 보면 도움이 된다. 그리고 몸을 움직이기 전 먼저 그 의도를 떠올리는 방법도 있다. 예를 들면 책상에 앉아 일하던 중 물을 마시려 일어날 때, 몸을 일으키기 전에 내가 일어나려 한다는 사실, 물을 마시러 간다는 사실을 먼저 떠올리는 것이다.

내가 무엇을 하는지 자각하는 일은 외부 자극으로 인한 충격을 한 차례 흡수하는 과정이다. 외부의 모든 자극에 일일이, 바로바로 반응할 필요가 없다는 사실을 깨닫고 나면, 마음은 훨씬 여유롭고 느긋해진다. 그럴수록 의식은 또렷이 깨어 더욱 현명한 결정을 내릴 수 있다. 선순환이 시작되는 것이다. 만약 스스로 부정적인 자동 조종 모드에 갇혔다고 느낀다면, 우선 "잠깐!"이라고 외쳐 보자. 조종간에서 손을 놓고 있던 의식이 깜짝 놀라 핸들을 붙잡을 수 있도록 말이다.

무례한 질문에 대답하는 건 시간 낭비다

어느 주말이었다. 분리배출을 위해 재활용 쓰레기를 한가득 들고 엘리베이터를 기다리다가 옆집 아주머니와 마주쳤다. 이웃사촌이기도 하고, 전에 가볍게 인사를 나눠 본 적도 있기에 웃으며 "안녕하세요"라고 인사를 건넸다. 그러자 화답 대신 대뜸 이런 질문이 돌아왔다. "아기 있어요?" 갑작스럽고도 다소 퉁명스럽기까지 한 질문에, 당황한 나는 우물쭈물하다가 "아니요…" 라고 대답해 버렸다.

함께 엘리베이터를 타고 내려가는데 점점 불쾌해졌다. 이 불쾌한 마음은 분리배출을 마치고 집에 돌아와서도 쉽게 사라지지 않았다. 속으로 한참 구시렁대던 중, 이 불쾌함의 근원을 똑바로 들여다봐야겠다는 생각이 들었다. 아침에 겪은 일을 처음부터 찬찬히 떠올리며, 객관적인 시선에서 내 감정을 관찰해보았다. 그 결과 내가 불쾌함을 느낀 세 가지 이유를 발견할 수 있었다.

첫째, 정곡을 찔려서였다. 우리 부부에겐 실제로 아이가 없다. 결혼 전부터 남편과 아이를 낳지 않기로 합의했기 때문이다. 지금까지 이 선택을 후회한 적은 없지만, 나도 모르게 주변의 눈치를 보고 있었던 모양이다. 그도 그럴 것이, 그리 일반적인 가정의 모습은 아니니 말이다. 매번 자식이 없다는 사실을 해명하듯 설명하다 보니, 아기가 있냐는 질문을 듣자마자 무언가 잘못한 것 같다는 느낌에 사로잡혀 버린 것이다.

둘째, 배려받지 못했다고 느껴서였다. 나는 인사를 받았다면 인사로 답하는 게 먼저이고, 궁금한 점이 있다면 묻는 이유를 간단히 밝히며 질문을 건네는 것이 예의라고 생각하는 사람이다. 그런데 이날 아침에는 그런 배려를 받지 못했다. 그러자 나의 내밀한 영역이 무방비하게 침범당했다는 생각이 들었다.

셋째, 스스로를 지키지 못해서였다. 모든 질문에 대답해야 할 의무는 없다. 심지어 그 질문이 나에 대한 배려가 부족한 질문이라면 말이다. 만약 내가 당황하지 않았다면, "그걸 물어보시는 이유는 뭔가요?"라고 받아칠 수 있었을 것이다. 그랬다면 이렇게까지 불쾌하지는 않았으리라. 어쩌면 불편한 상황을 슬기롭게 넘긴 자신에게 뿌듯함을 느꼈을지도 모르고 말이다.

물론 그분에겐 나쁜 의도가 없었을지도 모른다. 이웃과 더 가까워지고 싶다는 의도에서 건넨 질문이었을 수도 있고, 혹은 그날따라 자식 생각을 하던 중 나를 보고 무심코 건넨 질문이었을 수도 있다.

하지만 우리에게 상대방의 모든 의도와 사정을 헤아려줘야 할 의무는 없다. 심지어 그것이 불쾌함을 불러일으킨다면 말이다. 이럴 땐 오히려 과도한 관심을 적절히 끊어내고 선을 그어주는 편이 관계를 지키는 일일 수도 있다. 분위기를 망치기 싫다는 생각에 불쾌함을 참다가 오히려 쌓였던 감정이 폭발할 수도 있으니 말이다.

그래서일까, 은유 작가는《다가오는 말들》에서 이렇게 고백한다. 상대방에게 무례한 질문을 받을 때마다 꾸역꾸역 답하다 참지 못하고 눈물을 흘려 버리는 자신이 참으로 바보 같고 미웠노라고. 하지만 작가는 시간이 지나며 점차 상대의 무례함이 자신의 책임이 아니라는 사실을 알게 되었다고 말한다. 그래서 그녀는 목표를 바꾸었다. '울지 않고 말하기'에서 '울더라도 확실히 말하기'로 말이다. 울지 않고 말하려다 실패하고 자기혐오에 빠지는 대신, 울더라도 하고 싶은 말을 끝까지 해내는 것. 멋지지 않은가?

나도 은유 작가를 본받아 무례하고 불쾌한 질문을 받았을 때의 행동 지침을 세웠다. 앞으로 그런 질문을 받으면 순순히 대답해 주는 대신, 상대방의 의도를 되묻기로 했다. 나에게 왜 그런 질문을 하는지 설명을 요구하는 것이다.

이는 상대와 나의 관계에서 통제권을 지키고 자신을 보호하는 효과가 있다. 그뿐만 아니라 상대방이 미처 자신의 무례함을 눈치채지 못했을 때도, 내가 불쾌함을 느낀다는 사실을 상대에게 차분히, 넌지시 일깨울 수도 있다. 화를 내거나 눈물을 흘리는 등 감정적으로 흥분하지 않고도 말이다.

이렇게 예상치 못한 무례함에 자신만의 대처법을 세워 둔다면, 얼굴을 붉히는 일 없이 불편한 상황을 슬기롭게 헤쳐 나갈 수 있다. 나와 상대방의 관계를 해치지 않으면서도 말이다. 그러니 당장은 입이 안 떨어지더라도, 자신의 불편함을 상대에게 분명하게 전해 보자. 나 자신의 감정을 표현할 권리는 나 자신에게 있다. 이를 통해 나 자신을 지키는 것이야말로, 우리의 의무가 아니겠는가?

과정을 즐기면 결과는 따라 온다

내게 소질이 없는 영역에서 남다른 성과를 내는 사람들을 보면, 부럽고 대단하다는 생각이 든다. 외국어를 능수능란하게 하는 사람, 연구에 필요한 통계를 잘 다루는 사람, 글을 잘 쓰는 사람, 재테크를 잘하는 사람, 말을 잘하는 사람….

박사 과정을 밟던 시절, 다른 전공에서 사용하는 통계법 강의를 청강한 적 있다. 담당 교수님은 복잡하기 그지없는 고급 통계를 타 전공생인 나조차 쉽게 이해할 수 있을 정도로 잘 가르치셨다. 그 모습이 멋지고 부러워 나도 모르게 "저도 교수님처럼 통계를 잘 다루고 싶어요."라고 말을 걸게 될 정도였다. 하지만 내 칭찬을 들은 그분은 손을 내저으며 이렇게 말씀하셨다. "어휴, 말도 마요. 내가 이 통계 공부하느라 미국에서 얼마나 고생을 했는데요…." 그분의 입가엔 이제 통계라면 넌더리가 난다는 듯 씁쓸한 웃음이 걸려 있었다.

비슷한 경험이 하나 더 있다. 당시 함께 박사 과정을 밟던 동기 중에는 영어를 모국어처럼 유창하게 할 줄 아는 사람이 있었다. 어느 날 커피를 마시며 어쩜 그리 영어를 잘할 수 있냐고, 부럽다고 말하자 그는 담담한 눈빛으로 이렇게 말했다. "영어 배우느라 지금까지 고생한 걸 생각하면…, 이 정도는 약과죠."

세월이 흘러 이제 나 또한 종종 부러움 섞인 칭찬을 듣곤 한다. "박사 학위를 따셨다니 대단하세요!", "책을 쓰시다니, 멋진데요!", "저도 선생님처럼 강의를 정말 잘하고 싶어요!" 등등…. 예전엔 이렇게 감탄과 호의가 섞인 축하를 들으면 날아갈 듯 기쁠 줄로만 알았다. 그런데 웬걸, 실제로 듣자 마냥 기쁘거나 좋지만은 않았다. 좋으면서도 서운했고, 뿌듯하면서도 공허했다. 참 시원섭섭하고 복잡미묘한 기분이었다.

곰곰이 생각해 보니 그 이유를 알 것 같았다. 그들이 표한 칭찬과 부러움에는 겉으로 드러난 결과만 담겨 있었고, 그 속의 고생스러운 노력과 괴로움의 과정은 쏙 빠져 있었다. 물론 결과를 인정받는다는 건 뿌듯한 일이다. 하지만, 내겐 그보다 '그동안 고생했어'라는 한마디가 더 필요했던 것이다. 물론 축하는 기쁘고 고맙지만, 정작 듣고 싶은 말을 듣지 못했다는 생각 때문에 내 마음이 온전히 기뻐할 수만은 없었던 게 아닌가 싶다.

나뿐만 아니라, 내가 부러워했던 그들도 그랬을 것이다. 만약 지금 그때로 돌아간다면 단순히 부러움을 표출하는 것을 넘어 그 노력에 대한 경의도 함께 표현할 것이다. 그랬다면 그들도 조금 더 산뜻한 미소로 화답해줬을지도 모른다.

결과보다 과정이 중요하다고 말하기는 쉽다. 하지만 피부에 와닿지는 않는다. 우리 사회의 성과주의적 시스템은 과정보다 결과를 더 중시하고, 가끔은 결과만으로 그 사람의 전체를 평가한다. 그래서일까, 이 사회를 살아가는 우리 또한 타인의 멋들어진 결과 뒤에 가려진 오랜 인고의 시간에선 슬며시 눈을 돌린다. '그래, 어련히 고생했겠지'라면서 말이다.

하지만 이뤄낸 결과만 중요시하는 태도는, 이루려는 과정에서 생기는 무한한 가능성을 뿌리 뽑아버린다. 마리안 마운틴Marian Mountain의 책 《참선을 위한 환경The Zen Environment》에서는 다음과 같은 내용이 나온다.

> "나는 오랫동안 내가 하는 일을 목적 달성의 수단으로만 여겨왔다. 그러던 중 내가 일 그 자체를 목적으로 보기 시작하자, 일은 자신의 무한한 가능성을 열어 보여 주기 시작했다. 우리가 하는 일의 가능성을 충분히 인식하기 위해서는 일 그 자체가 목적이 되어야 한다."

나는 이 구절을 읽으며 머리를 한 대 크게 얻어맞은 것 같았다. 이 내용이 심리학에서 말하는 '마음챙김'이라는 개념과 맞닿아 있었던 데다가, 정작 심리학자인 내가 이를 지키지 못했다는 사실을 깨달았기 때문이다.

마음챙김Mindfulness이란 특정한 생각이나 감정에 사로잡히지 않은 채 자신의 마음과 행위를 있는 그대로 들여다보는 심리치료법이다. 평소 일상 속 마음챙김을 사람들에게 소개할 때, 심리학자들은 행위를 목적 달성의 수단으로 삼지 말고 그 행위 자체를 목적으로 삼으라고 안내한다. 예를 들면, 쌓여있는 그릇을 깔끔하게 정리하려는 목적으로 설거지를 하는 대신 설거지 그 자체를 목적으로 삼고, 목적지에 도착하기 위해 걷는 대신 걷기 자체를 목적으로 삼도록 말이다. 목적 달성에 신경을 집중하면 그 일을 하는 동안 생기는 다양한 감정과 면면은 무시된다. 이렇게 되면 정말 많은 것을 놓치게 된다. 그릇의 뽀득뽀득한 표면에 기분이 좋아지는 대신 산더미처럼 쌓인 그릇이 지겹게만 느껴지고, 걷다가 마주한 풀꽃이 예뻐 보이는 대신 얼마나 더 걸어야 하나 지치기만 한다.

단지 일상생활뿐만 아니라 직업 활동과 인생의 과업에서도 이는 비슷하게 적용된다. 논문과 원고를 쓰고 연구하는 일도 마찬가지다. 얼마 전 발표된 한국연구재단 연구 선정 결과를 보고서도 이를 뼈저리게 느낄 수 있었다. 한국연구재단은 학자들의 학술 활동을 지원하는 공공기관으로, 다양하고 참신한 연구를 지원하기 위해 해마다 신청서를 받는다. 이를 위해서는 앞으로의 연구 계획을 작성하여 제출해야 한다.

나는 3년째 탈락의 고배를 마시고 있었다. 매번 느낌은 좋았다. 하지만 결과는 언제나 탈락이었다. 심사위원의 피드백은 처음 신청했을 때보다 더 예리하고 혹독해져만 갔다.

그렇게 심란한 상태에서 이 책의 구절을 읽자 한 가지 깨달음이 머릿속을 스치고 지나갔다. '나는 연구 계획서를 작성하는 것 그 자체가 아니라 합격만 바라보고 연구 계획서를 작성했구나….' 하는 사실 말이다.

마리안 마운틴의 이야기는 그런 나를 호되게 꾸짖는 죽비 같았다. 나는 그 순간 연구를 위한 연구 계획서가 아니라 신청서 통과를 위해 연구 계획서를 쓰고 있는 자신을 발견했다. 만약 내가 서류 통과라는 결과에 목적을 두는 대신, 연구 그 자체에 집중해 철저히 계획을 세웠다면 어땠을까? 선정 여부를 떠나 그 과정 자체가 나에게 큰 공부가 되었을 것이다.

하지만 나는 연구 계획서를 작성할 때마다 어떻게 하면 합격할 수 있을지에만 온 신경을 곤두세웠다. 참신해 보이고자 매번 다른 주제를 끌어다 썼고, 신선해 보이고자 학계의 최신 연구를 땜질하듯 기워 붙였다. 심사 위원을 맡은 원로 학자들의 눈에는 이런 태도가 얼마나 가벼워 보였을까. 그 결과 3년간의 연구 계획서는 탈락이라는 결과로 돌아왔다. 그때 작성했던 두툼한 서류 뭉치 속 내용은 지금 하나도 기억나지 않는다. 그야말로 시간을 갖다 버린 셈이다.

직업 활동이건, 집안일이건, 강의건, 논문을 작성하는 일이건, 책을 쓰는 일이건…. 그것이 어떤 일이건, 일을 수단이 아니라 목적으로 대할 때 우리는 비로소 만족스러운 결과물을 얻게 된다. 마음의 평화건, 좋은 결과건, 의미 있는 자료건 말이다.

그릇을 치우는 것이 아닌 설거지 그 자체를 목적으로 대할 때, 우리 마음은 그릇과 함께 진정으로 깨끗해진다. 서류 통과가 아닌 연구 그 자체를 목적으로 볼 때, 연구 계획서를 쓰느라 들인 노력은 선정 여부와 무관하게 다양한 영역에서 사용할 수 있는 거름이 된다.

책을 쓰는 것도 마찬가지다. 10만 부 이상 팔리는 베스트셀러를 쓰겠다는 목적으로 원고를 쓰는 사람은 금방 나가떨어진다. 하지만, 자신의 진솔한 이야기를 전하고자 펜을 든 사람은 막을 수 없다. 그는 결과에 초연한 마음으로 한 자 한 자 써 내려갈 힘을 갖게 된다. 사람들은 그런 진심을 귀신같이 알아본다.

과정 없이 목적만 지향하는 삶은 스포일러만 듣고 영화를 다 봤다고 생각하는 관객과 같다. 주인공과 함께 웃고 우는 경험 없이 오로지 결말만을 알았다고 해서, 그가 영화를 즐겼다고 할 수 있을까. 아무리 사소한 일이라도, 그 일 자체를 목적으로 삼을 때, 그것은 다채로운 경험과 무한한 기회를 우리에게 제공한다. 그리고 바로 이것이, 우리 삶의 스토리를 더욱 풍성하게 만들어 줄 열쇠다.

경직된 마음은
쉽게 부러진다

언젠가부터 우리나라 사람들에게 새로운 인사말이 생긴 것 같다. "MBTI가 어떻게 되세요?"가 그것이다. 유행에 민감한 학생들은 물론이고, 그에 뒤처지고 싶지 않은 어른들까지 서로의 MBTI를 물으며 상대의 성격을 파악하고 궁합을 맞춰 보니 말이다.

마이어스-브릭스 유형 지표, 줄여서 MBTIMyers-Briggs Type Indicator는 사람들의 성격을 크게 16가지 유형으로 구분해서 그 특징을 설명하는 성격 유형 검사다. 그런데 MBTI 테스트의 유행이 세대를 막론하고 이렇게나 급속도로 퍼지게 된 이유가 무엇일까?

여러 이유가 있겠지만, 그만큼 요즘 사람들이 더 다양한 관계 속에서 다양한 태도를 요구받고 있기 때문이라는 생각이 든다. 사람의 성격은 상대와의 관계 속에서 구체화된다. 부모님 앞에서는 얌전하다가도 친구 앞에선 장난꾸러기가 되는 사람도 있지 않은가. 그런데 SNS 등 네트워크 기술의 발달에 힘입어 사회가 훨씬 복잡해진 요즘에는, 가족, 친구, 직장 말고도 더 다양한 사람들과 만나 소통하고 관계를 맺는 일이 일상이 되었다. 그만큼 개인에게도 더 다양한 태도가 요구된다. 이런 상황에서는 자기도 '진짜 내 성격'이 무엇인지 헷갈리기 시작한다. 그러니 '당신의 성격은 이런 유형입니다'라고 정해 주는 테스트의 인기가 많아질 수밖에.

이 시대를 살아가는 사람들이 자신을 발견하고 이해하는 데 심리학 이론이 쓰인다면, 심리학자로서 당연히 반가운 이야기가 아닐 수 없다. 다만 한 가지 우려되는 문제가 있다. 바로 MBTI 테스트의 결과를 다소 맹목적으로 믿는 사람들이 있다는 것이다. 이들은 종종 MBTI 유형을 고정불변하는 심리적 주민등록번호처럼 생각한다.

그렇지 않다. MBTI는 바뀐다. 검사자가 겪은 경험과 처한 상황에 따라, 심지어는 그날의 기분에 따라서도 조금씩 바뀌곤 하는 게 MBTI다. 그도 그럴 것이 MBTI 검사는 전문 기술을 익힌 관찰자의 소견이 아니라 각 개인의 주관적 응답을 모은 결과이기 때문이다. 그뿐만 아니라 같은 유형 안에서도 차이가 존재한다. 같은 내향형 안에서도 처음 보는 사람과 편하게 이야기를 나누는 사람도 있고, 입을 꾹 닫아버리는 사람도 있지 않은가. 따라서 MBTI 유형만으로 한 사람의 성격을 섣부르게 판단하는 것은 정확하지도 않을뿐더러, 해서는 안 되는 일이다.

MBTI 성격유형 검사가 고안된 진짜 목적은, 검사자 본인이 선호하는 것과 꺼리는 것을 스스로 파악해서 이것들이 서로 균형을 이룰 수 있도록 유도하는 것이다. 예를 들어, 자신이 내향형이라는 진단이 나왔을 때 '나는 내향적인 사람이구나'에서 끝나는 대신, 평소 내향적인 사람에게 부족하기 마련인 사교성이나 말주변 등을 연습해보는 것이 중요하다. 이처럼 자신을 특정 성격 유형에 가두지 말고, 선호하지 않거나 취약한 부분도 극복하려고 노력할 때 우리는 조금 더 성숙한 자신과 마주할 수 있다.

스스로 변화를 시도해 본 사람은 다른 사람에게도 관대해진다. 자신이 변화한 것처럼 상대방도 변화할 수 있다고 믿기 때문이다. 이와 반대로 MBTI가 자신과 타인을 무분별하게 규정하고 가능성을 제한하는 도구로 쓰인다면, 그만한 비극이 또 있을까.

사람이 변화할 가능성을 믿는 유연한 태도는 처음 만나 알아가는 관계뿐만 아니라 오랜 기간 인연을 이어가는 친밀한 관계에도 꼭 필요하다. 어린 시절 나는 무서운 아버지 밑에서 자랐다. 애교를 부린다거나 투정을 부리는 일은 상상도 하지 못했다. 엄한 가풍 탓인지 나는 또래 아이들과 달리 매사에 진중했고, 그게 당연하다고 생각했다. 그래서 장난기 많고 가벼운 사람을 보면 거부감을 느끼고 거리를 두었다.

그러던 중 지금의 남편을 만났다. 연애할 때 그는 늘 어른스러웠다. 차분하게 듣고 신중하게 말하는 그의 모습이 마음에 들었다. 그런데 정작 결혼식을 올리고 살림을 합쳐 보니 웬걸, 정말 같은 사람이 맞나 싶었다. 알고 보니 남편의 집안은 친정과 달리 자유로운 분위기의 가정이었다. 그래서인지 남편은 전에는 보여주지 않던 애교를 부리기 시작했고, 나를 웃기려고 일부러 우스꽝스러운 표정도 지었다. 종종 이상한 춤을 추거나 짓궂은 장난을 치기도 했다. 그럴 때마다 나는 남편에게 버럭 화를 냈다. "나이가 몇인데 채신머리없게 무슨 짓이야! 창피하지도 않아?"라면서 말이다.

그러나 심리학 공부가 깊어질수록, 내 사고가 무척 경직되어 있었다는 사실을 깨달았다. 내 생각만 옳다며 변화하길 꺼렸던 나는, 남편을 다그쳐 나에게 맞추고 싶어 했다.

이런 나와 달리 남편의 사고는 유연하고 건강했다. 무엇보다 남편은 상황과 상대에 맞게 처신하는 법을 알았다. 부모님에게 정중하면서도 살갑게 대하는 법, 며느리와 부모 사이 소통을 자연스럽게 돕는 법, 아내와 친구처럼 지내는 법 등…. 심리학 용어를 빌려 설명하면, 남편은 그때그때 맡은 '사회적 역할'에 따라 유연한 태도를 취하는 방법을 알았다. 좋은 부부관계를 위해선 '배우자'라는 역할만으로는 부족했다. 상황에 따라 친구처럼, 자식처럼, 부모처럼 행동할 수 있어야 더 돈독하고 건강한 관계가 될 수 있었다. 신중하고 차분한 성격만 고수하는 대신 함께 장난도 치고 우스꽝스러운 춤도 출 수 있어야 했다. 만약 남편이 나처럼 한 가지 성격이나 역할에만 갇혀 있었다면, 우리의 관계는 훨씬 경직된 채였을지도 모른다. 한껏 경직된 관계는 부러지기 마련인데도 말이다.

스포츠 선수들이 본격적인 훈련에 들어가기 전 가장 먼저 하는 것이 바로 준비 운동이다. 스트레칭으로 근육을 유연하게 만들고 혈액 순환을 활성화하기 위해서다. 그래야 운동 중에 다치더라도 부상이 적고 회복이 빠르다. 반대로 근육이 굳은 상태에서는 살짝만 삐끗해도 큰 부상으로 이어진다. 마치 어린아이는 넘어져도 금방 일어나 걷지만, 노인이 넘어지면 크게 다치듯이 말이다.

유연성은 회복력과 직결된다. 몸뿐만 아니라 마음도 그렇다. 단단하게 굳은 마음에 한번 못이 박히면 빼기도 어렵고 구멍을 메우기도 어렵다. 하지만 말랑말랑하고 부드러운 마음에는 못이 박혀도 쉽게 빠지고, 구멍을 메우기도 쉽다. 생각과 태도를 부드럽게 만들고, 자신과 상대가 변화할 가능성을 믿어 보자. 그러면 금 간 마음을 붙들고 아파할 일이 줄어들 것이다.

실패는 끝이 아니라 시작이다

혹시 공모전에 지원해본 적 있는가? 논문이나 연구 제안서를 쓰는 일도 이와 비슷하다. 오랜 시간 동안 머리를 쥐어뜯으며 아이디어를 내고 서류를 작성해 제출한다. 그리고 논문이 채택되었다거나 제안서가 선정되었다는 소식을 기다린다. 하지만 실제로 선정 연락이 오는 일은 매우 드물다. 내 메일함에 쌓인 거절 메일만 모아도 책 한 권이 나올 것이다.

그런데 여기다 소금을 뿌리는 과정이 한 번 더 있다.

바로 심사 위원들이 작성한 심사 의견서를 읽어야 한다는 것이다. 거기엔 내가 왜 떨어졌는지를 설명해 주는 예리한 분석이 가득하다. 물론 친절한 조언을 받을 때도 있지만, 대개의 피드백은 신랄하고 날카롭다.

머리로는 안다. 학회지에는 내 논문 말고도 투고되는 논문들이 넘쳐나고, 한정된 지원금을 얻기 위해 수많은 연구자가 몰려든다는 사실을. 그러니 당연히 채택될 확률이 낮을 수밖에 없다는 사실을. 그렇지만 거절은 언제 겪으나 쓰라리다. 이쯤이면 익숙해질 만도 한데, 아직도 거절 메일을 받으면 무덤덤해지기는커녕 몸과 마음이 흔들리는 듯하다.

내가 보기엔, 거절을 통보받았을 때 심리적 반응은 죽음을 받아들이는 심리적 반응과 꽤 비슷한 것 같다. 죽음과 임종 연구의 권위자인 엘리자베스 퀴블러-로스Elisabeth Kübler-Ross는 인간이 자신이나 주변인의 죽음을 받아들이는 과정을 5단계로 구분했다.

첫 번째 단계는 부정Denial이다. '이럴 리 없어, 뭔가 잘못된 게 분명해'라며 메일 내용을 몇 번이나 확인한다. 하지만 그런다고 거절당한 사실이 달라지는 것은 아니다. 그러면 두 번째 단계인 분노Anger가 찾아온다. 내 노력을 알아주지 않은 심사위원들에게 마구 화를 내며 분노를 퍼붓는 것이다.

분노가 잦아들고 나면 세 번째 단계인 협상Bargaining이 시작된다. '역시 끝까지 꼼꼼히 볼 걸', '그것만 고쳤으면 괜찮았을 텐데'라며 속으로 타협을 시도한다. 물론 그런다고 달라지는 건 없지만 말이다. 그다음 네 번째 단계는 우울Depression이다. '난 가망이 없어, 연구자 실격이야', '논문을 쓰면 뭐 하나, 앞으로 몇 번을 내도 똑같을 텐데'라며 깊은 절망감에 젖는다.

우울이 지나고 나면 드디어 마지막 다섯 번째 단계인 수용Acceptance의 차례다. 이때는 거절을 있는 그대로 인정하는 단계다. 논문은 채택되지 않았고, 제안서는 탈락했다. 단지 그뿐이다. 내가 해야 할 일은 피드백을 받아들여 더 좋은 글을 쓰는 것이다. 반려된 서류를 다시 들여다보며 부족한 부분을 고치고 다음 연구를 계획한다. 이로써 나는 거절에서 의미를 찾고, 다시 희망을 품을 수 있다.

퀴블러-로스에 따르면 죽음을 받아들이는 5단계는 짧게는 수개월에서 길게는 수년에 걸쳐 진행된다고 한다. 물론 거절의 5단계는 그만큼 길진 않다. 그마저도 여러 번 반복하다 보니 많이 줄어들었다. 처음 거절 메일을 받았을 때만 해도 한두 달 동안 축 처졌지만, 이제는 길어도 이틀이면 다시 기운을 찾는다.

내가 거절의 상처를 빨리 회복하기 시작한 것은 '실패는 낙인이 아니다'라는 사실을 받아들이면서부터였다. 내게 이 사실을 가르쳐 준 사람은 연세대학교에서 게임 문화를 연구하는 이영아 교수, 정확히는 그 어린 아들이다. 교수는 어느 강연에서 이런 일화를 들려주었다. 어느 날 게임을 하던 아들의 화면에 'Mission Fail'이라는 글자가 떠 있었다. 목표를 달성하지 못해 스테이지를 통과하지 못했다는 뜻이다. 그러나 아들은 오히려 환하게 웃고 있는 게 아닌가? 의아해진 교수는 아들에게 물어보았다.

"아들, 'Mission Fail'이 무슨 뜻인지 알아?"

"응, 실패라는 뜻이야."

"그럼, 실패는 무슨 뜻인데?"

"다시 하라는 뜻!"

어린이의 때 묻지 않은 시선은 순수하다. 그래서 더욱 정확하다. 생각해 보면 내 논문과 연구 제안서를 거절한 심사 위원들도 똑같이 말하고 있었다. '이 부분이 부족하니 고쳐서 다시 도전하세요.' 나에게 가망이 없다느니, 연구자 실격이라느니 폭언을 퍼부었던 건 심사 위원들이 아니었다. 다름 아닌 나 자신이었다.

한 번의 실패는 한 번의 실패일 뿐 그 이상도 이하도 아니다. 실패를 지울 수 없는 낙인처럼 받아들이거나, 혹은 나라는 인간에 대한 부정으로 받아들이기 시작하면 절대로 분노와 우울의 터널을 빠져나올 수 없다. 자신이 마주한 실패의 크기를 정확히 인식할 때 비로소 수용의 단계로 통하는 문이 열린다.

나도, 당신도, 살면서 셀 수 없이 많은 도전의 순간을 맞이할 것이다. 그중에는 다른 사람의 마음을 얻어야 하는 일도 많다. 이력서를 들고 꿈꾸던 직장의 문을 두드릴 수도 있고, 좋아하게 된 상대방에게 떨리는 고백을 건네야 할 수도 있다. 그런데 이런 도전은 언제나 실패할 가능성을 품고 있다. 결국 우리는 언젠가 실패를 마주할 수밖에 없다. 분위기 좋게 면접까지 봤는데 떨어질 수도 있고, 어렵게 건넨 진심이 매몰차게 외면받을 수도 있다.

하지만 그것이 당신이라는 인간 전체를 부정한 것은 아니다. 당신은 여전히 가치 있고 소중하다. 다만 마음대로 되지 않은 일이 하나 생겼을 뿐이다. 이를 '게임 끝!'으로 받아들일 것인가, 아니면 '새로운 기회'로 받아들일 것인가? 이는 전적으로 당신 손에 달려 있다.

2장

의미 없는 관계로 삶을 낭비하지 마라

사소한 태도가 소중한 인연을 만든다

최근 젊은 글로벌 리더로 손꼽히는 그렉 맥커운Greg McKeown은 저서 《에센셜리즘》에서 영국 가구 회사 '비트소'의 일화를 소개한다. 이 회사의 최종 면접은 독특하다. 면접자는 두 차례의 면접을 통과한 뒤, 면접실이 아니라 실제 현장에서 기존 직원들과 함께 일한다. 그리고 시범 업무가 끝나면, 함께 일해 본 직원들이 채용 여부를 결정한다. 사장이 아니라 일선 직원들이 최종 결정권을 갖는 것이다. 이들이야말로 신입 직원과 가장 오래 일할 사람이기 때문이다.

맥커운은 그중 어느 지원자의 사례를 강조한다. 그는 두 번의 면접을 통과한 후 실습 현장에서도 완벽한 일처리를 보여 주었다. 그렇지만 함께 일했던 직원들은 그 지원자가 회사와 맞지 않는다고 판단했다. 그 결과 비트소는 그 지원자를 채용하지 않았다. 무엇이 문제였을까? 바로 지원자의 태도였다. 가구를 설치하는 그의 실력은 완벽했지만, 자리를 정리하는 마무리 과정에서 자신이 사용한 공구를 공구함에 함부로 던져 넣었던 것이다. 직원들은 아직 고객이 눈앞에 있는데도 함부로 부주의한 태도를 보이는 사람은 동료로 받아들일 수 없다고 판단했다. 너무 가혹하다고 생각할 수도 있지만, 함께 일한 직원들에게조차 좋지 못한 인상을 주었다면 고객에게는 과연 어떻게 보였겠는가.

사소한 물건이라도 소중하게 대해야 한다는 메시지는 심지어 곧 버릴 물건에도 적용된다. 정리 정돈에 대한 독특한 가치관을 세계에 설파하며 타임지 선정 '영향력 있는 100인'으로 선정되기도 했던 곤도 마리에近藤 麻理惠는 이렇게 말한다. "설레지 않으면 버려라!" 아무리 오랫동안 간직한 물건이라도 더 이상 가슴이 두근거리지 않으면 과감히 버리라는 뜻이다.

애지중지하던 물건을 버린다고 생각하면 커다란 쓰레기통에 아무렇게나 쑤셔 넣는 모습이 떠오른다. 하지만 그녀의 정리법은 절대 그렇지 않다. 오히려 정반대다. 그녀는 버릴 물건에게도 하나하나 작별 인사를 하며 예의를 지킨다. 곧 버릴 물건이라도, 그동안 함께해 준 시간에 감사하는 마음을 표하며 떠나보내는 것이다. 의뢰인의 집을 찾아 정리 정돈을 돕는 다큐멘터리에서, 그녀는 버릴 물건을 함부로 던지는 집주인을 제지하며 작은 물건이라도 하나하나 소중하게 다뤄 달라고 부탁하기도 했다.

그녀와 함께 집을 정리한 의뢰인들은 입을 모아 말했다. 그저 자리만 차지한다고 여겼던 물건들에서 소중함과 감사함을 느꼈다고 말이다. 실제로 집 정리가 끝난 후, 의뢰인들의 얼굴은 한결 홀가분해 보였다. 이 밖에도 그녀의 정리법을 통해 가족과의 관계도 회복되었고, 인생도 바뀌게 되었다는 사람이 많다.

이처럼 사소한 물건 하나하나를 소중하게 여기는 태도는 나아가 주변 사람과 인생을 대하는 태도로도 이어진다. 인간관계니, 인생이니 하는 거창한 것들도, 잘게 나누어 보면 결국 사소한 것들이 모여 이루어지기 때문이다. '중요한 순간에만 잘하면 되지!'라는 결심은 결코 오래갈 수 없다. 평소에도 사소한 것에 관심을 기울여 온 사람과 그렇지 않은 사람 중, 과연 어느 쪽이 중요한 순간에도 더 자연스럽게 행동할 수 있겠는가?

인간관계라는 측면에서 생각해 봐도 그렇다. 자신보다 지위가 낮거나 약한 사람들에겐 함부로 대하면서, 자신에게 중요하거나 권력 있는 사람들에게만 꼬리를 흔드는 사람을 보면 무슨 기분이 드는가? 그런 사람이 아무리 나를 깍듯이 모신다고 해도, 과연 그 태도가 진심에서 우러나온 것이라고 믿을 수 있을까? 절대 그렇지 않다. 오히려 내가 보잘것없어지는 순간 헌신짝처럼 내칠지도 모른다는 생각에 불안하고 못 미더울 것이다.

이처럼 태도는 물건에서 사람으로, 사람에서 사람으로 쉽게 전파된다. 그러니 아무리 사소한 대상이라도 함부로 대하지 말고, 의식적으로 소중하고 친절하게 대하는 태도를 길러 보자. 그런 태도가 주변 사람들과 나의 인생을 더 행복하게 만들어 주게끔 말이다.

원망은 빨리 잊고
은혜를 오래 기억하라

"사람들은 작은 상처는 오래 간직하고 큰 은혜는 얼른 망각해버린다. 상처는 꼭 받아야 할 빚이라고 생각하고 은혜는 꼭 돌려주지 않아도 될 빚이라고 생각하기 때문이다."

양귀자의 소설 《모순》에는 이런 구절이 나온다. 우리는 타인과의 관계에서 상처를 받기도 하지만 그에 못지않게 깊은 은혜를 받기도 한다. 하지만 우리는 상대에게 받은 은혜는 쉽게 잊어버리는 반면, 상대에게 받은 상처는 두고두고 기억한다. '난 아닌데?'라고 생각했는가? 하지만 그런 사람이라도 무의식 저 깊은 곳에는 아픈 기억을 차곡차곡 보관하고 있다. 평소에는 의식하지 못하더라도 말이다. 사람이라는 게 그런 동물이다. 그렇기에 평소 관계가 원만했던 상대방일지라도 사소한 계기 때문에 큰 싸움으로 번지곤 하는 것이다. 자기도 모르게 억눌러 왔던 상처를 건드리기 때문이다.

특히나 몸과 마음이 힘든 시기일수록 상대방을 원망하고 미워하는 마음이 더 커지기 마련이다. 내겐 박사 학위 논문을 쓸 때가 그런 시기였다. 박사 학위 논문을 쓰는 과정은 논문의 질과 양에 상관없이 무척 힘들다. 제대로 자거나 먹지 못해서 신체적으로 정신적으로나 에너지가 바닥난 상태이기도 하거니와, 끝이 보이지 않는 연구 속에서 내가 제대로 해낼 수 있을지 스스로 의심하고 불신하는 마음과 싸워야 하기 때문이다. 이럴 때 가장 힘이 되는 게 가족들의 지지와 응원이겠지만, 집안에 비슷한 경험을 해 본 구성원이 없다면 충분한 배려와 세심한 관심을 받지 못하고 오히려 핀잔과 원망을 듣기도 한다.

내가 딱 그랬다. 연구가 눈코 뜰 새 없이 바빠져, 생일이나 제사 같은 가족 행사에 남편만 혼자 보내는 경우가 잦아졌다. 에너지가 바닥난 와중에 가족들로부터 에둘러 원망을 듣게 되자 마음은 더욱 무거워졌다. 내가 느끼는 힘듦에 아무도 공감해 주지 않아 외로웠고, 이 과정을 오롯이 혼자 이겨내야 한다는 생각에 절망스러웠다.

그러던 어느 겨울 새벽이었다. 내 마음처럼 무거운 가방을 메고 연구실로 향하던 나는, 추운 겨울 아침 먹을 것을 찾아 서성이는 새끼 고양이 한 마리를 보게 되었다. 본래 흰색이었을 털이 꼬질꼬질한 회색으로 물든 모습을 보니, 고단한 길 위의 삶을 이 조그만 새끼 고양이가 버텨낼 수 있을지 걱정이 되었다. 안쓰러운 마음으로 고양이의 움직임을 따라가다 고양이와 눈이 마주쳤다. 그 순간 나도 모르게 눈물이 고였다. 자신에게 주어진 삶을 당당하고 온전하게 살아가는 그 새끼 고양이가 너무나도 대견해 보였기 때문이다.

그러자 문득 내 자신이 부끄러워졌다. 그 어린 고양이는 비록 삶이 고단할지언정 부모를 원망하지 않고, 좋은 집사를 만나 편안하게 지내는 다른 고양이를 부러워하며 자신의 운명을 비관하지 않았다. 그저 태어난 대로 묵묵히 자신의 삶을 충실히 살아갈 뿐이었다. 반면 나는 자신의 힘듦을 이유로 주위 사람들을 원망하고 탓하며, 작은 실수와 갈등에도 스스로를 과도하게 비난하고 있었다. 이처럼 현실을 수용하지 못하고 자책과 비관으로 삶을 덧칠하는 건 인간뿐이다.

고양이가 내게 가르쳐 준 태도, 즉 자신에게 주어진 현실을 회피하지도 거부하지도 않고 기꺼이 받아들이는 태도가 바로 심리학에서 말하는 '받아들임acceptance'이다. 이는 포기give-up 나 체념abandonment과는 다르다. '받아들이다'라는 의미에는 좋은 것이든, 나쁜 것이든 있는 그대로 인정한다는 의미가 들어 있다. 현실에 이끌려 다니는 수동적인 태도가 아니라, 현실을 기꺼이 '내 것'으로 받아들이는 능동적인 태도인 것이다. 이는 나를 괴롭게 하는 사람이나 피하고 싶은 현실을 향해 마음을 열고자 하는 용기가 없으면 불가능하다.

물론 이는 쉬운 일이 아니다. 내게 상처를 준 사람에게까지 마음을 여는 게 어찌 쉬운 일이겠는가. 그럴 땐 그들을 영화에 등장하는 인물들이라고 생각해 보자. 이건 사실 어느 영화감독이 알려 준 방법이다. 아무리 거슬리고 짜증스러운 사람이더라도, 맡은 배역을 열심히 연기하는 배우라고 생각하면 그렇게 사랑스럽고 귀엽게 보일 수 없다고 한다. 심지어 자기 캐릭터를 잘 살리려는 모습처럼 보여 고마운 마음까지 든다는 것이다. 이처럼 타인을 향해 마음을 여는 방법은 사람마다 독특하고 다양하다.

이외에도 도움이 될 만한 방법 중에는 '웰빙 기억 기법'이 있다. 이는 기분이 좋고 흐뭇한 순간의 기억을 그날그날 기록해 두고, 힘들거나 원망스러운 기분이 들 때 이를 꺼내 보는 방법이다.

'웰빙 기억 기법'은 크게 '나'에 대한 웰빙 기억과 '너'에 대한 웰빙 기억으로 나뉜다. '웰빙기억-나'는 스스로 기뻤던 기억, 노력과 성취에 대한 기억, 스스로에게 만족했던 기억이다. 이를 기록해 두었다가 자신이 한없이 작고 초라해 보일 때 들여다보면, 나를 좀먹는 우울한 생각에서 벗어날 수 있다.

한편 '웰빙 기억-너'는 상대에게 받은 친절, 감사한 일, 상대방 덕분에 잘 해결했던 일들, 상대방에게 받은 선물 등 그 사람과 관련된 긍정적인 기억이다. 어떤 관계든 고마운 기억이 하나쯤은 있기 마련이다. 이를 다이어리 등에 그때그때 기록해 두고, 평소에 틈틈이 들여다보면 자연스레 긍정적인 감정이 솟아나 관계 유지에 도움이 된다. 또한 다툼이 생겨 상대가 밉고 원망스러울 때도 이 목록을 들여다보면 금방 갈등이 풀리게 된다.

이 모든 방법의 핵심은 생각 사이의 균형을 잡는 것이다. 한번 부정적인 생각이 발생하면, 뇌는 도돌이표처럼 부정적인 생각을 계속 재생산하며 강화시킨다. 그것이 감정에 휩쓸려 생긴 일시적인 착각이라는 사실을 기억하고, 사실은 전혀 그렇지 않다고 자신에게 말해 주자. 눈앞의 현실을 원망하고 미워하는 마음에서 벗어나는 건 상대를 위한 일이기도 하지만, 궁극적으로는 자기 자신의 괴로움을 멈추는 일이기도 하다. 고슴도치처럼 세운 가시를 내려놓고 세상을 바라보자. 그 누구도 아닌, 바로 나를 위해.

오해를 풀고 싶다면 한 발짝 물러나자

연말연시, 오고 가는 사람들로 북적이는 미국의 어느 기차역. 멋진 옷으로 차려입은 백인 중년 여성이 양손에 쇼핑백을 가득 들고 서둘러 로비를 걸어가고 있다. 기차 탑승 시간이 촉박한 듯 급히 걸음을 옮기던 그녀는 맞은편에서 오던 흑인 남성과 부딪친다. 결국 여성은 바닥에 이리저리 쏟아진 물건을 주워 담느라 기차를 놓치고 만다.

다음 기차표를 구하긴 했으나, 탑승까진 시간이 많

이 남은 상황. 그녀는 근처 식당에서 샐러드 한 접시를 사서 자리에 앉는다. 일회용 포크를 가지러 카운터에 갔다 온 여성은 당황한다. 처음 보는 흑인 남성이 자신의 자리에 앉아 샐러드를 먹고 있었기 때문이다. "이건 내 샐러드예요"라고 항의해 보지만 그는 아랑곳하지 않고 샐러드를 먹을 뿐이다. 점점 자신의 샐러드가 줄어들자, 여성은 안 되겠다 싶었는지 눈치를 보며 샐러드를 조금 뺏어 먹는다. 남성이 별다른 거부반응을 보이지 않자, 그녀는 아예 대놓고 샐러드를 먹기 시작한다. 빼앗긴 샐러드를 되찾겠다는 듯이.

식사를 마친 후 남성은 커피 두 잔을 사서 한 잔을 여성에게 건넨다. 말없이 커피를 마시는 두 사람. 여성은 잘 마셨다는 인사도 없이 자리에서 일어나 기차를 타러 나간다. 그렇게 한참을 걸어가던 중, 여성은 쇼핑백을 두고 왔음을 알아차리고 서둘러 식당으로 돌아간다. 하지만 남성도 쇼핑백도 보이지 않는다. 당황하며 식당 여기저기를 둘러보던 여성은 이내 깜짝 놀란다. 남성과 함께 샐러드를 먹었던 바로 뒷자리에, 손도 대지 않은 샐러드 한 접시와 쇼핑백이 그대로 놓여 있었던 것이다.

이는 사실 〈The Lunch Date〉라는 1989년 단편 영화의 내용이다. '오해'라는 간단한 소재를 통해 인종적 편견과 이를 뛰어넘는 관용의 따스함을 유머러스하게 그리고 있는 명작으로, 2013년 미국 의회 도서관에 의해 영구 보존 영화로 선정된 바 있다.

내게도 비슷한 경험이 있다. 어느 날 지하철을 타고 자리에 앉았는데, 맞은편 좌석에 앉은 남성이 다리를 쩍 벌리고 앉아 옆자리까지 차지하고 있었다. 다리만 벌리고 있는 게 아니라 상체도 거의 드러누운 상태였다. 나는 다른 승객을 배려하지 않는 그를 속으로 비난하면서, 혐오감 섞인 눈빛으로 그를 쏘아보았다.

그러나 나는 머잖아 심한 부끄러움에 몸서리치고 말았다. 지하철이 정차한 후 일어나 출입문으로 향하는 그의 모습이, 누가 보아도 다리가 불편한 사람임이 확실해 보였기 때문이다. 속으로 비난을 퍼붓는 것으로도 모자라 날카롭게 쏘아보기까지 했으니, 그의 마음이 얼마나 불편했을지 상상되어 미안한 마음이 들었다.

우리는 살면서 이런 실수를 꽤 많이 범한다. 내 경우처럼 자신의 편견이 잘못되었다는 사실을 깨닫고 넘어갈 수도 있지만, 그렇지 않은 경우도 많을 것이다. 심리학에서는 이를 'Top-down processing(위-아래로의 처리)'이라고 부른다. 이미 가지고 있는 고정관념, 편견, 선입견으로 눈앞의 상황을 즉각 판단해버리는 사고방식을 뜻한다.

만약 샐러드를 먹고 있는 남성이 흑인이 아니라 백인이었다면 그녀는 어떻게 행동했을까? 상대가 샐러드를 빼앗았다고 생각하는 대신, 자신이 자리를 착각한 건 아닌지 주변을 둘러보았을지도 모른다. 지하철에서 내 맞은편에 앉았던 승객이 남성이 아니라 여성이었다면, 나는 과연 똑같은 판단을 했을까? 아마 상대에게 말 못 할 이유가 있을 것이라고 여겼을 것이다. 이것이 바로 'Top-down processing'의 맹점이다.

이와 반대되는 사고방식으로는 'Bottom-up processing(아래-위로의 처리)'가 있다. 이는 고정관념이나 선입견을 내려놓고 상황을 있는 그대로 판단하는 사고방식을 뜻한다. 일상의 모든 구석구석을 Bottom-up processing으로 바라보긴 힘들겠지만, 최소한 상대의 이해할 수 없는 행동으로 짜증이 날 때만이라도 이를 활용해 보면 편견으로 인한 실수를 훨씬 줄일 수 있다.

심리학자 대니얼 스탤더Daniel Stalder 또한 《판단하지 않는 힘》에서 판단을 내리기 전 스스로에게 질문을 던져 보는 연습을 소개하고 있다. "저 인간 도대체 뭐야?", "저 사람 완전 미친 거 아냐?"라고 말하는 대신, "그가 저렇게 행동한 이유는 뭘까?", "나는 왜 갑자기 화가 치밀었을까?"하고 스스로 확인해 보는 것이다.

서양에는 이런 경구가 전해진다. "친절해져라. 당신이 만나는 모든 이들은 저마다 자기만의 전쟁을 치르고 있으니까." 나는 이 말이 정말 정확하다고 생각한다. 우리 자신이 하루하루를 치열하게 살아가는 것처럼,

다른 사람들 또한 하루하루를 치열하게 살아가고 있다. 그러다 보면 예상치 못하게 서로 맞부딪치는 경우도 생기기 마련이다. 내 입장에서 보면 상대가 다짜고짜 달려와 부딪친 것처럼 보이겠지만 말이다.

그러니 상대방의 이해할 수 없는 행동에 벌컥 짜증을 내고 단죄하듯 비난을 퍼붓기 전에, 그에게 어떤 사정이 있었을지 혹은 내가 상황을 편협하게 바라본 것은 아닐지 생각하며 한 박자 쉬어 보자. 그러면 미처 눈치채지 못했던 맥락과 배경이 눈에 들어올 것이다.

이해받고 싶다면 먼저 이해하라

대학원 석사 신입생 시절 일이다. 당시는 정부에서 금연 사업을 시작하던 초창기였는데, 마침 다니던 학교 심리센터에서 금연 상담 사업을 시범적으로 진행하게 되었다. 신입생들은 선배들과 함께 중독 심리 스터디를 하면서 매주 2인 1조로 인근 병원에 금연 상담사로 파견을 나갔다. 우리가 맡은 일은 병원 로비 한쪽에서 흡연자들의 중독 정도를 체크하고, 금연 관련 프로그램과 니코틴 패치 사용법을 소개하는 일이었다. 신입생이었던 나는 옆에서 보조 역할만 하면 되어서 큰 부담은 없었다.

그러던 어느 날이었다. 선배가 자리를 비운 사이 어느 남성이 찾아왔다. 환자복을 입은 걸 보니 입원 중인 환자인 듯했다. 금연 프로그램에 관한 설명을 듣던 그가 내게 대뜸 이렇게 물었다. "선생님은 담배를 피웠다 끊어 본 적이 있나요?" 내가 아니라고 말하자, 그는 "아니, 담배를 피웠다가 끊어본 적도 없는데 무슨 금연 상담을 해요? 경험도 없으면서."라며 어이없어했다.

생각지도 못한 질문에 말문이 막혔다. 뭐라고 대답해야 좋을지 머리를 굴리던 차에 선배가 돌아왔다. 그는 선배를 보고 똑같은 질문을 던졌다. 그런데 선배는 망설임 없이 바로 대답했다.

"선생님, 물론 저희가 담배를 피웠다가 끊어본 경험이 있으면 더 좋았겠죠. 하지만 폭력 피해자 상담을 한다고 해서 상담자 모두가 폭력을 당한 경험이 있어야 하는 건 아니잖아요. 직접 경험을 하지 못했더라도 저희는 중독과 관련된 전문적인 지식을 배우며 훈련을 받고 있습니다."

시간이 흘러, 시범 사업이었던 금연 사업은 곧 전국으로 확대되어 단단히 사리를 잡았다. 그리고 나 또한 어엿한 심리학자가 되어, 전국 금연 상담사를 대상으로 특강을 하게 되었다. 청중들에게 내 신입생 시절 이야기를 들려주었더니, 다들 비슷한 경험이 있는지 고개를 끄덕이며 웃는 사람이 많았다. 나는 이렇게 말했다.

"꼭 담배가 아니더라도, 우리 또한 여러 중독 증상을 가지고 있습니다. 끊어야 하는 걸 알면서도 끊지 못하는 게 넓은 의미에서 모두 중독입니다. 적어도 금연 상담을 하려면 스스로 끊지 못한 걸 끊어보려는 노력이 필요합니다. 그래야 금연하려는 분들의 심정과 고통을 조금이나마 이해할 수 있게 됩니다. 그런 이해가 밑바탕이 될 때, 도움을 주려는 진심이 상대방에게도 전달됩니다."

상담사는 전문 지식을 습득하고 사용하는 것 못지않게, 내담자를 이해하고 공감하는 능력 또한 중요하다. 그러려면 자신의 삶에서 내담자와 비슷한 경험을 찾아보고, 상대가 느꼈을 고통을 헤아리려 노력해야 한다. 이것이 상담사로서 내담자를 위해 갖춰야 할 최소한의 예의인 것이다. 신입생 시절에는 몰랐지만 말이다.

경험은 이해를 낳는다. 다리를 다쳐 목발을 짚어 보고 나면 장애인과 노약자에게 불편한 시설물이 눈에 들어오고, 아이를 낳고 유모차를 끌어 보고 나면 우는 아이의 시끄러움보다 보호자의 수고와 고단함이 먼저 보인다. 이처럼 다양한 경험을 통해, 우리는 이전에는 보지 못했던 배경과 맥락을 이해하고, 상대방을 향한 마음의 문을 열 수 있다.

영화 〈내겐 너무 가벼운 그녀〉에서 주연을 맡은 배우 기네스 펠트로도 비슷한 이야기를 전한다. 당시 기네스 펠트로는 비만인 역할을 맡았는데, 이를 위해 입고 벗는 데만 4시간씩 걸리는 특수 분장을 받았다고 한다. 어느 날 비만 분장을 벗지 않은 채 근처 카페에 간 그녀는 평소와 다른 사람들의 반응에 큰 충격을 받았다. 그들이 자신을 흘끔흘끔 쳐다보고 비웃거나 불친절하게 굴었기 때문이다. 늘 날씬하고 아름다웠던 그녀로서는 한 번도 경험해 보지 못한 경험이었던 셈이다. 그녀는 방송에서 이 일화를 소개하며 그동안 뚱뚱한 사람을 알게 모르게 낮잡아 보았던 자신의 시선과 태도를 반성하게 되었다고 고백했다.

상대방의 처지를 이해하려는 경험을 통해 사회적인 변화를 이끌어 낸 사례도 있다. 미국의 백인 작가 존 하워드 그리핀John Howard Griffin은 흑인들이 겪는 차별을 직접 체험하기 위해 피부과 전문의의 도움을 받아 색소 변화를 일으키는 약을 먹고 피부색을 바꿨다. 그렇게 흑인으로 변장해 약 50일간 미국 남부를 여행한 그리핀은, 자신이 경험한 내용을 가감 없이 글로 옮겼다. 이렇게 탄생한 책 《블랙 라이크 미》는 출간 당시 미국에 커다란 파장을 불러일으켰고, 지금도 20세기 인종차별을 다루는 자료 중 가장 중요한 글로 꼽힌다.

물론 우리 모두가 이렇게 변장을 하고 다닐 수는 없다. 하지만 변장 없이도 충분히 가능하다. 우리에겐 공감이라는 능력이 있기 때문이다. 공감은 우리를 상대방의 처지에 데려다 놓고, 상대방의 생각과 감정을 미루어 짐작하게 만든다.

공감은 두 가지로 나뉜다. 정서적 공감과 인지적 공감이 그것이다. 정서적 공감은 선천적인 능력에 가깝다. 눈앞의 타인이나 화면 속 배우가 우는 걸 보고 자신도 따라 운다거나, 타인이 고통을 받거나 수치를 당하는 모습을 보고 가슴 아파하는 것이 이에 해당한다. 정서적 공감은 상대방의 슬픔과 고통을 대리 경험함으로써 상대방을 돕고 싶은 마음이 들게 만든다.

반대로 인지적 공감은 후천적인 능력에 가깝다. 실제로 인지적 공감 능력은 주로 4세 이후부터 생기기 시작하며, 노력과 훈련에 의해 더욱 발달되는 모습을 보인다. 상대방의 관점에서 그 사람의 상황, 입장, 생각, 감정 등이 어떨지를 생각해 보는 것이 바로 인지적 공감이다. 즉, 간접경험을 통해 상대방을 이해하는 능력인 것이다. 이는 다른 말로 '조망수용능력'이라고도 한다.

예를 들어 설명하면, 조망수용능력이란 토끼를 잡기 위해 토끼의 습성을 이해하는 사냥꾼의 능력이라고도 말할 수 있다. 이 사냥꾼은 토끼가 느끼는 생각이나 감정을 그대로 느끼지는 않는다. 그러나 오랜 관찰을 통해 토끼가 주변 환경을 어떻게 받아들이고 어떻게 반응할지를 머리로 알고 있다. 이처럼 상대방의 입장에서 생각할 줄 아는 역지사지의 능력이 바로 조망수용능력이다.

주의해야 할 점은, 공감이란 단순히 갈등을 얼른 일단락하려는 목적으로 행하는 게 아니라는 것이다. 예를 들어, 누가 봐도 틀린 주장을 고집하는 사람이 있다고 하자. 아무리 차근차근 설명을 해주어도 자신의 주장을 굽히지 않는다면, 사람들은 대부분 포기하고 '어휴, 네 말이 맞다'라며 넘어가려고 한다. 그런데 이렇게 반응하면 겉으로는 갈등이 끝난 것처럼 보여도, 결국 서로에게 마음의 문을 닫아건 채로 끝나고 만다. '나는 맞고, 너는 틀렸다'라는 생각이 서로에게 전달되기 때문이다.

이와 달리 인지적 공감 능력이 높은 사람은, 상대방이 그렇게 주장하는 이유를 궁금해한다. 지적인 호기심과 이해하고자 하는 진심을 가지고 상대방의 주장을 헤아리는 것이다. 그리고 이렇게 얻은 정보를 바탕으로 상대와 동일한 시각에서 상황을 바라보려고 노력한다.

그러다 보면 상대방 머릿속 사고의 흐름을 파악하게 된다. 이렇게 되면 여전히 틀린 주장을 굽히지 않는 상대방에게 느꼈던 분노가 연민으로 바뀌게 되고, 얼른 갈등을 끝내려던 마음도 상대를 존중하는 마음으로 바뀐다. 놀라운 점은, 이처럼 존중받는 기분을 느끼게 되면 상대방의 얼어붙었던 마음의 벽 또한 사르르 녹아내리기 시작한다는 것이다.

선천적 능력인 정서적 공감과 달리, 인지적 공감은

꾸준한 노력과 훈련을 통해 능숙해질 수 있다. 물론 나와 갈등을 빚거나 교집합이 없는 사람에게 역지사지의 태도를 갖기란 쉽지 않은 일이다. 이런 경우를 위해 '황금률'을 적용해보기를 추천한다.

황금률이란 '내가 대접받고 싶은 대로 상대방을 대접해라'라는 문화 보편적인 원칙을 의미한다. 쉽게 말해 내가 존중받고 싶으면 먼저 상대방을 존중할 줄 알아야 하고, 내가 칭찬을 받고 싶으면 먼저 상대방을 칭찬할 줄 알아야 한다는 뜻이다.

하지만 이것이 황금률의 정확한 의미는 아니다. 황금률의 숨은 뜻은 이보다 훨씬 깊다. 내가 바라는 것을 중심에 두는 대신, 상대방이 바라는 것을 중심에 두라는 것이 진정한 황금률의 가르침이다. 내가 원하는 것을 무작정 권하는 것이 아니라, 상대방이라면 무엇을 더 좋아할지를 생각해 보자는 것이다.

공감은 단순히 남 좋자고 하는 일이 아니다. 우리가 지금보다 더 넓고 깊은 사람이 되기 위해서, 더 나아가

지금보다 더 나은 세상을 만들기 위해서는 다양한 관점을 포용할 수 있는 공감 능력이 무엇보다 중요하다. 나 혼자 좋자고, 나 혼자 잘살자고 타인의 기쁨과 안녕을 무시하는 행위는 결코 장기적이고 안정적인 행복을 만들 수 없다. 우리가 기꺼이 서로의 마음을 이해해 주는 버팀목이 될 때, 나의 인생 또한 더욱 즐겁고 행복해질 것이다.

불필요한 연락처는 그때그때 지운다

어느 날 우연히 지인의 카카오톡 친구 목록을 보았다가, 친구 수가 수백 명이나 되는 걸 보고 부러워한 적 있다. 친구 수만큼 인맥도 넓고 인기도 많다고 생각하던 시절이었다. 당시 내 친구 목록은 100명이 겨우 될까 말까 했다. 서로의 친구 수를 견주어 보자 내가 너무 초라하고 무능력하게 느껴졌다.

얼마 지나지 않아 외부 활동이 늘어나면서, 자연스레 내 친구 목록도 점점 길어져 갔다. 자연스레 스마트폰에 저장되는 전화번호가 늘어났고, 연락을 주고받는 사람도 그만큼 많아졌다.

하지만 늘어난 친구 수를 보며 흐뭇했던 것도 잠깐이었다. 누군가에게 메시지를 보내려 해도 한참을 찾아야 했고, 잠깐만 눈을 떼어도 수북하게 쌓여 있는 단톡방 메시지를 따라잡는 것도 고된 노동처럼 느껴졌다.

무엇보다 씁쓸했던 점은, 친구 목록이 길어질수록 친구 한 사람 한 사람에게 관심을 기울이기가 더욱 어려워졌다는 것이다. 친구 수가 적었을 때는 프로필 사진을 구경하며 근황을 살펴보기도 쉬웠다. 여행을 즐기는 친구에겐 풍경 사진 좀 보여 달라며 너스레를 떨 수도 있었고, 아이를 낳은 친구에게는 축하한다며 몸에 좋은 선물 쿠폰을 보내줄 수도 있었다. 그래서 오랜만에 만나더라도 친밀하게 대화를 이어가기도 어렵지 않았다.

그런데 친구 수가 200명, 300명을 넘어가기 시작하자 친구들의 근황을 따라잡기도 그만큼 어려워졌다. 누가 어떻게 사는지, 요즘 무엇을 했는지 일일이 확인할 수도 없었고, 서먹한 사이끼리 예의상 주고받는 대화도 부담스럽기만 했다. 그러다 보니 친구 목록에 이름은 올리고 있지만 몇 년 동안 간단한 안부 인사 한마디조차 주고받지 않은 사람들도 늘어만 갔다.

영국의 진화생물학자 로빈 던바Robin Dunbar는, 한 사람이 안정적으로 유지할 수 있는 인간관계의 규모가 150명 정도라고 추산했다. 원숭이나 유인원 등 무리를 이루고 사는 영장류의 커뮤니케이션 능력은 대뇌 신피질 크기에 달려 있는데, 이를 토대로 계산하면 사람이 관리할 수 있는 인맥 최대치는 평균 150명이라는 것이다. 단순하고 명쾌한 그의 이론은 곧바로 대중에도 회자되어, '던바의 수Dunbar's Number'라는 신조어를 만들어 내기도 했다.

던바의 수는 사람마다 차이가 있다. 내 던바의 수는 100인 것 같다. 가끔이라도 안부 인사를 꾸준히 주고받거나, SNS에서 관심을 갖고 근황을 살펴보는 관계는 100명을 넘지 않는다. 소중하게 여기는 집안 물건도 100개를 넘기지 않는 것 같고, 핸드폰에 저장된 전화번호도 적절히 정리하고 나니 85명만 남아 있었다. 남은 15자리는 앞으로 생길지도 모르는 소중한 관계를 위해 남겨 두었달까.

내가 그간의 관계를 돌이켜 보게 된 계기는 어느 영상에서 본 원숭이의 모습이었다. 계단에 홀로 앉아 있는 원숭이에게 사람이 빵을 건넨다. 그러자 원숭이는 빵을 받아 들고 맛있게 먹는다. 원숭이가 빵을 다 먹기 전, 사람이 빵 하나를 더 건넨다. 원숭이는 먹던 빵을 한 손에 쥐고, 다른 한 손으로 새 빵을 받아 들고 뜯어먹기 시작한다. 이를 반복하자 원숭이는 양손과 양발에 빵을 하나씩 쥐는 걸로 모자라, 쥐고 있던 빵을 내던지면서까지 새로운 빵을 받는 데 정신이 팔려 있었다. 재미있는 사실은 원숭이가 새 빵을 받느라 정신이 팔린 후, 정작 빵은 한 입도 먹지 못했다는 것이다.

자신의 손안에 있는 먹이에 집중하지 못하고 계속해서 새로운 것에 정신이 팔린 원숭이의 모습이, 나와 별반 다르지 않다는 생각이 들었다. 아니, 내가 더 심하면 심했지 덜 하지는 않을 것이다.

미국의 작가 헨리 데이비드 소로우의 에세이집《월든》에는 이런 내용이 나온다. '옷이든 친구든 새로운 것을 장만하려고 애쓰지 말자. 낡은 옷을 고쳐 입자. 오랜 친구에게로 돌아가자.' 물질 과잉, 정보 과잉의 시대에 사는 우리에게 꼭 필요한 가르침이 아닐 수 없다. 관심을 기울이고 표현하지 않는 관계는 결국 서서히 빛을 잃고 꺼져 버린다. 관계는 먼지가 앉지 않도록 꾸준히 안부를 묻고 관심을 표현할 때에야 유지되고 빛이 난다. 사람과의 관계든, 물건과의 관계든 마찬가지다.

당신의 '던바의 수'는 얼마인가? 이를 확인하는 방법은 간단하다. 저장된 연락처나 카카오톡 친구의 목록을 훑어보며 간추리는 것이다. 만약 상대의 이름을 보았을 때 흐뭇한 기분보다 피곤하다는 생각이 먼저 든다면 정리가 필요한 시점이다.

목록에 저장된 번호를 보며 기분이 좋아지는 사람, 혹은 꼭 남겨 놓고 싶은 사람 순으로 정리해 보자. 그게 어렵다면 반대로 저장만 해놓고 한 번도 연락해 본 적

없는 사람을 추려서 지워 보자. '나중에 필요해지면 어떡하지' 하는 걱정은 접어도 된다. 실제로 지워 보니, 꼭 필요한 사람일 경우 어떻게든 연락이 된다.

이렇게 인간관계를 정제했다면, 잘 가꾸고 소중히 관리하자. 맛없는 음식으로 배만 부르는 것보단 질 좋고 맛있는 음식으로 적당히 먹는 게 더욱 기분 좋듯이, 인간관계도 양보다는 질이 중요하다. 관계 맺는 사람의 수가 적더라도 정이 깊은 관계를 끈끈하게 유지할 때, 당신의 인간관계 스트레스는 줄어들고, 기쁨은 오래갈 것이다.

모든 관계에는
안전거리가 필요하다

남편과 결혼을 결심한 이유를 누군가 묻는다면, 시어머니의 역할이 매우 컸다고 자신 있게 말할 수 있다. 처음 인사드리러 갔을 때 시댁 식구 모두가 나를 환대해 주었는데, 그중에서도 시어머니의 따뜻한 관심에 마음을 열지 않을 수 없었다.

20여 년이 지난 지금까지도 시어머니는 나를 변함없이 다정다감하게 대해주신다. 내 전화번호를 '예쁜 며느리'라고 저장해 놓으실 정도로 아껴 주시니 사이가 각별할 수밖에 없다. 연인처럼 손을 잡고 데이트하기도 하고, 함께 목욕탕에 다녀오기도 하며, 한 침대에서 이야기를 나누다 잠들기도 한다. 친구들은 친정 엄마한테도 하기 어려운 일이라며 고개를 흔들지만, 나이가 들수록 약해지시는 모습을 보면 앞으로 더 잘해드려야겠다는 마음뿐이다.

하지만, 이런 결심이 가끔 흔들리는 순간이 있다. 시어머니의 수다가 끊이지 않고 이어질 때다. 시어머니는 나를 만날 때마다 그동안 본인 주변에 있었던 모든 일을 줄줄 늘어놓으신다. 그러다 보니 어머님 주변에 있었던 사소한 일들부터 근거 없는 소문들, 차라리 모르는 게 나았을 이야기까지 반강제적으로 알게 된다. 심리학 공부를 하며 타인의 이야기를 듣는 데 도가 튼 나지만, 잠들기 직전까지 끊이지 않는 이야기를 듣다 보면 평정심을 유지하기가 종종 어렵기도 하다.

그러다 보면 이따금 실수도 생긴다. 특히 하루를 마치고 잠자리에 들 때는 피곤한 나머지, 평소라면 적당히 말을 돌리며 넘어갈 일에도 날카롭게 반응하거나 말실수를 해서 서로의 마음에 상처를 남기기도 한다. 평소 대화할 상대가 많지 않은 시어머니인 만큼 최선을 다해 열심히 들어드리려고 하지만, 너무 과다한 정보를 접해 듣다 보면 의지력이 바닥나 버리는 것이다.

이와 관련된 심리학 용어 중 '자기개방self-disclosure'이란 말이 있다. 말 그대로 나에 관한 정보를 상대방에게 알려주는 것을 말한다. 관계를 형성하는 데 있어 자기개방은 굉장히 중요하다. 믿음과 신뢰는 서로의 정보를 교환하면서 쌓이기 때문이다. 하지만 자기개방이 지나치면 말이 많고 가벼워 보일 수도 있다는 단점이 있다. 이럴 경우 자기개방은 오히려 관계 형성을 방해한다.

더 큰 문제는 말을 많이 하다 보면 반드시 실수를 하기 마련이라는 사실이다. 할 필요가 없는 말, 하지 않아도 될 말뿐만 아니라 해서는 안 되는 말까지도 자기도 모르게 늘어놓게 된다.

자기개방은 관계의 벽을 허무는 데 큰 도움이 되지만, 너무 과도할 경우 꼭 있어야 할 벽까지 무너뜨린다. 이를 피하기 위해서는 상대의 자기개방 중 내가 감당하기 어려운 부분이 무엇인지 그때그때 알려주는 것이 매우 중요하다. 내 마음을 집에 비유한다면, 상대방이 들어와도 되는 방과 들어오지 말아야 할 방을 정해주는 것이다.

내가 시어머니와의 관계에서 저지른 실수는, 무조건 경청하겠다는 과도한 욕심을 가졌던 것이다. 이것이 심리학자에게 필요한 직업적 덕목일 수는 있겠으나, 이를 일상에서도 지켜야 할 필요는 없었는데도 말이다. 어쩌면 '뭐든 말씀하세요. 제가 다 들어드릴게요.'라는 나의 강박적인 태도가 오히려 시어머니의 수다를 더욱 부추기는 원인이었을지도 모른다.

내가 평정심을 유지할 수 있는 범위를 넘어섰을 때는, 대화를 다시 정상 궤도로 돌려놓으려 애쓰기보다는 차라리 잠깐 대화를 멈추는 게 좋다. 화장실을 다녀

온다거나 간식을 가져오겠다며 잠시 자리를 비우거나, 아예 다른 화제로 돌려 버리며 대화에 환기를 시키는 것이다. 이렇게 경계선을 설정해 주면 상대에게 듣기 싫은 말을 듣지 않을 수 있고, 나 또한 불필요하게 날카로운 반응을 보이지 않을 수 있다. 이런 태도가 조금은 비겁하게 느껴질 수도 있다. 아무렴, 조리 있는 말솜씨로 불편해진 대화를 원하는 방향으로 견인할 수 있다면 얼마나 좋겠는가. 하지만 우리 모두가 유창한 말솜씨를 가진 건 아니다. 게다가, 아무리 청산유수처럼 말한다 한들 상대가 내 의도를 눈치 채고 맞춰 주지 않으면 말짱 도루묵이다. 대화란 결국 두 사람 사이의 상호작용이니 말이다. 그럴 땐 잠시 자리를 피하는 것도 충분히 괜찮은 방법이다.

양귀자의 소설 《모순》에서 주인공은 이렇게 독백한다. "아껴서 좋은 것은 돈만이 아니었다. 어쩌면 돈보다 더 아껴야 할 것은 우리가 아무 생각 없이 내뱉는 말들이었다." 돈을 펑펑 쓰다 보면 결국 집안의 가세가 기울듯, 말 또한 너무 많이 하면 관계가 기운다.

도로 위 원활한 교통 흐름을 위해서는 앞차와의 적정 거리를 유지해야 하듯, 원활한 인간관계를 위해서는 상대와의 적정 거리를 유지해야 한다. 너무 멀리 떨어져 있으면 아무런 교류도 오가지 못하지만, 너무 바짝 붙다간 순간의 실수로 인해 사고가 날 수도 있다. 관계가 무너지는 건 바로 이러한 사소한 실수 때문이다. 그러니 좋아하는 상대방과는 오히려 약간의 거리를 두자. 그것이 당신의 인간관계를 예상치 못한 충격에서 구해줄 에어백이 될 것이다.

3장

일어나지 않은 일로 힘들어하지 마라

숨만 잘 쉬어도 고민이 사라진다

어느 날, 강의를 하고 있는데 "휴…" 하는 한숨 소리가 들려왔다. 한두 번이었으면 그러려니 했을 텐데, 문제는 시도 때도 없이 그런다는 것이었다. 한숨 소리도 제법 컸던지라, 강의실 안의 모든 사람에게 다 들릴 정도였다.

같은 일이 여러 번 반복되자 신경이 쓰였다. 열심히 강의를 하다가도 한숨 소리가 들리면 맥이 빠졌다. 겉으로 티를 내진 않았지만, 속으로는 '수업이 지루한가?',

'방금 내가 이상한 말이라도 했나?', '내 강의에 불만이 있나?' 같은 상상이 꼬리에 꼬리를 물고 이어졌다.

강의실에 모인 학생들을 하나하나 살펴보다 보니 범인을 찾을 수 있었다. 강의가 끝나고 나서 그 학생을 따로 불러 넌지시 이유를 물어보았다. 그러자 학생은 자기도 모르게 그랬다며 연신 사과했다.

알고 보니 그 학생의 집안에는 여러 가지 힘든 일이 겹쳐 있었다. 이 때문에 평소 화목했던 가족들끼리도 싸움이 잦아져 푹푹 한숨을 쉬는 게 일상이 되었다고 했다. 할 수 있는 게 아무것도 없어서 답답한데, 한숨이라도 쉬면 답답한 마음에 한 줄기 바람이라도 쐬는 것 같다면서 말이다.

이 학생의 심정이 이해되지 않는 건 아니었다. 오죽 답답했으면 한숨이라도 쉬고 싶다고까지 하겠는가. 겨우 한숨 몇 번으로 한 사람의 괴로운 마음이 편해질 수 있다면야, 강의 조금 방해받는 것쯤이야 너그럽게 웃어 넘길 수 있다. 하지만 문제는 그리 간단하지 않았다. 예의범절 문제가 아니라, 건강 문제였다.

사실 한숨 자체는 좋은 것도 나쁜 것도 아니다. 호흡이 불편할 때 몸이 알아서 호흡 과정을 재조정하는 과정이기 때문이다. 마치 컴퓨터가 별안간 작동을 멈췄을 때 한 번 껐다 켜면 괜찮아지는 것처럼 말이다. 하지만 한두 번이 아니라 습관으로 굳어졌다면 문제가 생길 수 있다.

호흡은 들이쉬는 숨과 내쉬는 숨으로 이루어진다. 단순한 과정처럼 보이지만, 그 이면에는 우리 신체를 움직이는 복잡한 시스템이 작동하고 있다. 그중에서 호흡과 가장 관련이 높은 시스템은 바로 자율신경계다. 자율신경계를 구성하는 두 축인 교감신경과 부교감신경이 각각 우리의 들숨과 날숨에 관련되어 있다.

조금 더 정확히 말하면, 교감신경계는 몸의 긴장 작용을 담당한다. 숨을 한껏 들이쉬어 보자. 배에 힘을 주게 되고 가슴이 쫙 펴진다. 어깨도 쑥 솟아오른다. 이것이 몸에 힘이 들어간 상태, 즉 긴장 상태다. 반대로 부교감신경계는 몸의 이완 작용을 담당한다. 들이쉰 숨을 자연스럽게 뱉어 보자. 배와 가슴이 수그러들고 솟

왔던 어깨도 내려온다. 이것이 몸에 힘이 빠진 상태, 즉 이완 상태다.

호흡은 긴장이나 이완 중 어느 한쪽만으로 일어나지 않고, 긴장과 이완을 차례로 오가며 일어난다. 다시 말해 교감신경계와 부교감신경계가 번갈아 활성화되는 작용이라고 할 수 있다. 일반적인 호흡은 양쪽의 균형을 맞추며 일어나는데, 이 패턴이 어그러지면 문제가 생긴다.

대표적인 문제가 과호흡이다. 심한 스트레스를 받게 되면 우리 몸은 외부 상황에 대응하기 위해 몸에 힘을 주는데, 이것으로 인해 교감신경계가 과도하게 활성화되면 들이마시는 것보다 훨씬 더 적은 양의 숨을 내쉬게 된다. 이러면 혈액 속 이산화탄소의 농도가 과도하게 높아져 호흡곤란, 어지럼증, 실신 등의 증상이 나타날 수 있다. 유명인들이 겪는 공황 발작이 바로 이런 이유로 인해 일어난다.

스트레스를 받으면 한숨이 나오는 이유도 이와 비슷하다. 과도하게 긴장한 몸을 진정시키기 위해 부교감신경계가 날숨으로 이완 작용을 하기 때문이다. 반대로 말하면, 한숨이 자주 나온다는 건 몸이 과도하게 긴장하고 있다는 뜻이다. 과호흡과 다른 점이 있다면 그나마 아직은 긴장과 스트레스를 통제 가능한 수준이라는 것 정도다. 하지만 여기서 더 스트레스가 심해지면 공황 발작으로 이어질 가능성이 있다.

내가 처음 심리학을 공부할 때와 비교하면, 공황 장애로 인해 병원이나 심리센터를 찾는 내담자의 수가 정말 많이 늘었다. 2018년에는 17만 명 정도였던 환자 수가 2022년을 기준으로는 24만 명을 넘겼을 정도다. 갈수록 심리 장애에 대한 인식이 개선되어 더 많은 환자가 병원을 찾았기 때문이기도 하겠으나, 근본적으로는 숨 가쁘게 열심히 사는 게 좋은 인생이라는 암묵적 분위기가 원인이라고 생각한다. 더 열심히 하지 않으면 안 된다고 채찍질 당하며 들들 볶이니, 몸이 긴장에 절지 않고 버티겠는가.

물론 일상을 영위하기 위해서는 적당한 긴장이 필수다. 하지만 날숨과 들숨이 균형을 맞춰야 호흡이 제대로 이루어지듯, 긴장을 풀어줄 땐 확실히 풀어주어야 긴장이 필요할 때 확실히 힘을 줄 수 있다. 모두가 헉헉대는 사회 분위기를 당장 바꾸기가 어렵다면, 적어도 긴장과 이완을 적절히 오갈 줄 아는 유연하고 조화로운 마음의 힘이라도 길러야 할 것이다.

평소 숨을 쉬는 방식만 바꾸어도 이러한 마음의 힘을 기르는 데 도움이 된다. 마침 쉬우면서도 효과가 좋은 방법이 있어 소개하고자 한다.

첫째, 숫자를 세면서 호흡 패턴을 의도적으로 조절해 보자. 가장 대표적인 예는 '4-4-4 호흡법'이다. 숨을 깊이 들이쉬며 넷을 세고, 숨을 멈춘 채 넷을 세고, 다시 길게 내쉬면서 넷을 세는 호흡법을 말한다. 이때 들숨과 날숨의 순서는 바뀌어도 된다. 숨을 멈춘 채 유지하는 게 어렵다면 세는 숫자를 줄여서 4-2-4 호흡법으로 조정해도 되고, 아예 빼고 할 수도 있다. 중요한 것은 들숨과 날숨을 깊게 쉬면서 비율을 맞추는 것이다. 휴식이 필요하다면 날숨을 조금 더 길게 쉬면서 몸을 이완시키는 것도 좋다.

둘째로 호흡 도중 느껴지는 몸 구석구석의 감각에 주의를 기울여 보자. 숨을 들이쉬는 동안 정신을 집중하고 바람이 드나드는 코, 부풀어 오르는 가슴, 펴지는 어깨의 감각을 느껴 보자. 평소에 무의식적으로 지나치던 과정에 주의를 기울여 보는 것이다. 숨이 짧으면 짧은 대로, 길면 긴 대로 괜찮다. 호흡 감각에 가만히 주의를 기울이면 자연스레 호흡이 고르고 편해지면서 마음도 고요하고 편해진다. 꼭 숨을 쉬는 것뿐만 아니라도, 신체의 움직임에 정신을 집중하는 일은 제멋대로 뻗어 나가는 생각을 정리하고 쉴 수 있도록 도와준다.

벨기에의 심리학자 피에르 필리포Pierre Philippot는 호흡이 감정과 긴밀하게 연결되어 있다고 말한다. 이 말은 감정 때문에 호흡이 바뀌기도 하지만, 호흡을 통해 감정을 다스릴 수 있다는 뜻이기도 하다. 필리포의 연구에 따르면 긍정적인 감정을 느끼는 사람의 호흡은 느리고 깊으며 규칙적이다. 반면 부정적인 감정을 경험할 때는 빠르고 얕으며 불규칙적이다. 다시 말해 느리고 깊고 규칙적인 호흡을 하면 긍정적인 감정이 생기고, 빠르고 얕고 불규칙적인 호흡을 하면 부정적인 감정이 생긴다고 할 수 있다. 위에서 소개한 방법을 통해 호흡을 스스로 통제해 보자. 그야말로 '숨만 잘 쉬어도' 기분이 좋아지고 인생이 잘 풀리기 시작할 테니까 말이다.

잘하려는 태도가 오히려 일을 망친다

오래전 친구와 함께 부산 태종대 유원지에 간 적이 있다. 한참을 걸어 올라가다 보면 절벽을 따라 걸으며 바다를 구경할 수 있는 산책로가 나온다. 그리고 그 길 끝엔 넓은 신선바위가 있다. 지금은 진입이 금지되어 있지만, 그때는 사람들이 거기에 앉아 해녀가 파는 해산물을 먹기도 하고 드넓은 바다를 배경으로 사진을 찍기도 했다. 젊어서 겁이 없었는지, 다들 그렇게 하니까 따라 한 건지, 나 역시 절벽 바위 끝에 걸터앉아 친구와 함께 바다를 감상했다. 뻥 뚫린 수평선을 보니 마음도 뻥 뚫리는 듯했고 바로 앞에서 굽이치는 성난 파도를 보니 바다의 강인함과 생동감도 느껴졌다.

그러다 문득 발아래를 보게 되었다. 깊이를 알 수 없이 넘실대는 바닷물을 가만히 들여다보고 있자니 갑자기 정신이 아찔해지고 심장이 쿵쾅거리면서 몸이 앞으로 기우는 듯한 느낌이 들었다. 낭떠러지 아래 펼쳐진 깊은 바닷속으로 빨려 들어갈 것처럼 말이다! 깜짝 놀라 친구를 데리고 안전한 곳으로 뒷걸음질을 쳤다. 그때 어두운 바닷물을 보며 새겨진 기묘하고도 공포스러운 감각이 아직까지도 생생하다. 그 뒤로도 해안가에 가면 높은 자리는 피하고 멀리서 지켜보는 것 정도로만 만족한다.

꼭 바닷가가 아니더라도, 높은 곳에 서서 아래를 내려다보면 오금이 저리면서 몸도 앞으로 움직이는 것 같은 감각을 한 번쯤은 느껴 보았을 것이다. 분명 더 나아가면 떨어질 게 뻔한데도, 보이지 않는 힘이 앞으로 잡아당기는 것 같은 느낌 말이다. 실제로 고소공포증을 느끼는 사람 중에는 높은 곳 그 자체보다도 더 위험한 곳으로 끌려가는 듯한 느낌을 두려워하는 사람이 많다고 한다. 마치 머리로는 추락을 두려워하는데, 몸은 나도 모르게 추락에 이끌리듯이 말이다.

내가 여러분에게 이런 부탁을 한다고 상상해보자. 실에 길게 매달린 추를 주면서 잠시만 움직이지 말고 그대로 있어 달라고 말이다. 추를 움직이지 말고 그대로 들고 있되, 특히 앞뒤로 움직이면 절대로 안 된다고 신신당부한 후 나는 잠시 자리를 뜬다. 결과는 어떨까? 과연 여러분은 추를 움직이지 않고 잘 들고 있을까?

사실 이는 하버드 대학교의 사회심리학자 다니엘 웨그너Daniel Wegner가 진행한 실험 내용이다. 실험 결과에 따르면, 추를 움직이지 않았던 사람은 한 명도 없었다. 그도 그럴 것이, 사람이 미동도 없이 서 있기는 불가능하다. 사람의 몸은 가만히 있는 것 같아도 조금씩 움직이기 때문이다. 게다가 실을 길게 늘어뜨려 놓았으니, 미세한 움직임도 더욱 증폭될 수밖에 없다.

그런데 웨그너 교수가 주목한 건 따로 있었다. 바로 추가 움직이는 방향이었다. 실험 참가자 중 단지 움직이지 말라는 지시만 받은 사람의 추는 좌우로만 흔들렸다. 그렇다면 절대 앞뒤로 움직이지 말라는 지시를 받은 참가자는 어땠을까? 놀랍게도, 이들의 추는 금방 앞뒤로 흔들리기 시작했다. 신신당부에도 불구하고 연구진이 금지한 방식 그대로 움직인 것이다. 도대체 어째서 이런 현상이 일어난 것일까?

웨그너 교수와 그 동료들은 '앞뒤로 움직이면 안 된다'라는 강박이 오히려 앞뒤로 움직이는 근육을 활성화한 것이라고 설명한다. 마치 '흰곰을 생각하지 마세요'라는 요구를 들으면 오히려 더 흰곰을 생각하게 되는 것처럼 말이다. 웨그너 교수와 동료들은 이를 정신 역설 효과mental irony effect라고 불렀다. 이처럼 특정한 생각을 억제하려는 강박은 도리어 그러한 생각을 강화한다. 그리고 무게추 실험에서도 알 수 있듯, 정신 역설 효과가 신체적 반응으로 이어지는 경우도 허다하다. 정신과 신체는 이어져 있기 때문이다.

'하면 안 된다'라는 생각에 사로잡힌 나머지 오히려 이를 저질러버린 사례는 생각보다 많다. 외국 신문에서 본 어느 기사가 기억난다. 번지점프를 하기 위해 순서를 기다리던 사람이 다른 사람의 신호를 자기 신호로 착각하고 뛰어내린 사건이었다. 아마 그는 시시각각 다가오는 자기 순서를 두려워하고 있었을지도 모른다. 뛰고 싶지 않다는 강박이 강해진 만큼 뛰어내려야 한다는 긴장도 강해진 와중에, 우연히 귀에 꽂힌 소리가 방아쇠가 되었으리라.

우리나라에도 비슷한 사례가 있다. 어느 배우가 암벽에 매달린 채 로프를 칼로 끊고 자살하는 장면을 촬영하고 있었는데, 정말로 로프가 끊어지는 바람에 30m 아래로 추락하면서 큰 부상을 입은 사건이다. 배우 측은 제작진의 관리 소홀로 인해 로프가 풀린 사고라고 주장했으나, 스텝 측은 비디오 감식 결과 배우가 너무 긴장한 나머지 스스로 로프를 끊었다고 주장했다.

이처럼 두려움이 너무 커지면 우리는 상상 이상의

실수를 저지르게 된다. '무섭다', '두렵다' 같은 생각은 우리 뇌에서 감정과 충동을 담당하는 편도체를 강하게 활성화한다. 편도체가 강하게 활성화되면 반대로 이성적인 판단을 담당하는 머리 앞쪽뇌(전전두피질)는 멈춘다. 이와 동시에 근육은 언제든 대응 행동을 취할 수 있도록 만반의 준비를 갖추게 된다. 놀이공원 귀신의 집에서 잔뜩 긴장한 사람들이 작은 기척에도 소스라치게 놀라는 이유도 이와 같다.

귀신의 집이야 긴장을 즐기러 가는 곳이라지만, 일상에서도 이렇다면 곤란하다. 적당한 긴장은 일상생활에서 마주치는 크고 작은 도전을 수행할 윤활유 역할을 하지만, 과도한 긴장은 오히려 모든 것을 망치기 때문이다.

잔뜩 긴장한 편도체를 달래는 데에는 여러 방법이 있지만, 그중에서도 '정서 명명하기affect labeling'라는 방법이 특히 효과적이다. 정서 명명하기란 현재 자신이 느끼는 정서가 어떤 정서인지를 구체적인 언어로 표현하는 것을 말한다. 예를 들면 "나는 지금 불안해", "나는 지금 두려워" 같은 식으로 자신의 감정을 언어화하는 것이다. 속으로 말해도 좋고, 입으로 소리 내어 말하면 더 좋다. 이 방법을 연구한 UCLA의 매튜 리버먼Matthew Lieberman 교수는 이 과정이 편도체의 흥분 때문에 정지되었던 전두엽을 다시 활성화하여, 반대로 편도체를 진정하게 만든다고 설명한다.

높은 곳, 깊은 물 속처럼 두려움의 원인이 명확한 상황이라면, 그 원인을 피하는 것만으로도 불안을 가라앉힐 수 있다. 그러나 우리는 아직 일어나지 않았거나 명확하기 설명하기 어려운 추상적 문제 때문에 두려움을 느끼기도 한다. 이런 문제를 간단히 피하기는 불가능하다. 왜냐하면, 이런 두려움의 궁극적인 원인은 바로 우리 마음속에 있기 때문이다. 오히려 이를 부정하고, 피하고, 억제하는 태도가 두려움을 더 강화한다. 마치 빛을 강하게 쬘수록 그림자도 더 짙어지는 것처럼 말이다.

이럴 때는 '~하면 안 돼'라는 생각을 '~해야겠어'라는 형태로 바꾸어 보자. 흰곰을 생각하면 안 되는 상황에선 '검은 곰 생각하기'라는 대안을 떠올리고, 떨어지면 안 되는 상황에선 '난간을 붙잡기'라는 대안에 집중하는 것이다. 이렇게 관점을 새롭게 바꾸기만 해도, 막연한 불안은 이겨낼 수 있는 도전으로 탈바꿈한다. 당신도 할 수 있다. '못 하면 안 돼'가 아니라, 할 수 있다.

빠르게 시작하고
천천히 나아가라

영등포역에서 출발하는 기차를 타러 가는 날이었다. 그날따라 늦장을 부리다가 출발이 늦어졌다. 다급하게 짐을 챙겨 버스정류장을 향해 달렸다. 속은 바짝바짝 타들어 가는데, 이런 날은 꼭 약속이라도 하듯 유독 버스도 늦게 온다. 연신 시계를 들여다보며 애를 태우는 나와는 달리, 버스 기사나 승객들은 느릿하기 그지없다. 느긋한 그들이 어쩐지 원망스럽다.

지하철역에 버스가 서자마자 내달리기 시작했다. 사

람들 사이를 쏜살같이 헤치며 에스컬레이터와 계단을 뛰어 내려갔다. 이렇게 열심히 뛰었는데 혹시나, 했지만 역시나. 눈앞에서 지하철을 놓쳤다. 숨을 고르며 다음 지하철을 기다리는 동안에도 마음속은 이 생각 저 생각으로 분주하다. 일찍 나오지 못한 나를 나무라다가, 늦장을 부린 버스 기사와 승객들에게 불평하다가, 바로 떠나버린 지하철을 원망한다.

다행히 발차까지 몇 분을 남겨두고 기차역에 도착했다. 열심히 뛰어가면 충분히 승차 가능성이 있다. 온 힘을 다해 또다시 전력 질주를 했다. 그런데 순간 몸이 공중에 붕 뜨는가 싶더니 바닥으로 고꾸라졌다. 정신없이 달리느라 노란색 미끄럼 주의 표지판을 보지 못하고 바닥에 고인 물에 미끄러진 것이다. 아프고 창피했지만 기차를 타야 한다는 마음 하나로 바로 일어나 미친 듯이 달렸다. 그리고 아슬아슬하게 탑승에 성공했다.

결과만 놓고 보면 '미션 완료'였지만, 수명이 1년은 단축된 느낌이었다. 조금만 일찍 나왔더라면 기차역에서 커피 한 잔의 여유도 즐기고, 어젯밤 읽던 책도 보고, 일정도 다시 한번 확인하면서 차분하게 기차를 탔을 텐데, 왜 쓸데없는 일로 늦장을 부려서 이 고생을 한 걸까? 여러 생각들이 머릿속을 스치던 중 문득 가스 밸브는 잘 잠갔는지, 욕실의 불은 껐는지, 창문은 닫았는지, 놓고 온 물건은 없는지까지 생각이 미치자 불안이 뭉게뭉게 피어올랐다. 아무리 되짚어 봐도 집을 뛰쳐나온 순간, 그리고 기차에 간신히 올라탄 순간만 또렷할 뿐 그 중간의 일은 텅 빈 것처럼 하나도 기억나지 않았다.

도대체 나는 뭘 하고 있었던 걸까? 분명 몸은 이것저것 바쁘게 움직였건만, 마음은 서둘러 기차를 타야 한다는 생각에만 매몰되어 하나도 제대로 돌아보지 못했다. 사실상 앞을 보지 않은 채로 운전한 꼴이었다. 큰 사고가 나지 않은 게 다행일 따름이다.

이렇게 허둥지둥하는 습관을 고치려면 어떻게 해야 할까? 마침 이와 관련된 재밌는 이야기가 있다.

어느 날 밤, 꿈속에 남편이 나타나 이렇게 말했다.

"여보, 인생을 20분 더 사는 비결이 뭔지 알아?"

"글쎄, 모르겠는데?"

"20분 미리 하는 거."

정말 기묘하고도 뚱딴지같은 소리였다. 잠에서 깨어난 후에도 어이가 없었다. 그렇지만 마치 옛이야기 속 수도승의 가르침처럼 의미심장하기도 했다. 결국 나는 이 이야기를 따로 메모해 두었다.

그런데 이로부터 얼마 지나지 않아, 이와 아주 흡사한 이야기를 어느 신문의 인터뷰 기사에서 다시 만날 수 있었다. 인터뷰의 주인공은 이화여자대학교에서 동물행동학을 가르치는 세계적 석학 최재천 교수였다. 그는 하버드 대학교 재직 시절 만난 학생들의 시간 관리법을 소개했는데, 그 방법이 바로 '10일 먼저 하기'였다. 강의 교재 읽기, 보고서 제출하기, 발표 준비하기 등등을 마감일에 딱 맞춰 끝내는 대신 10일 앞서 끝내는 걸 목표로 삼는다는 것이었다. 미루는 대신 미리 끝내면 그만큼의 시간을 버는 것이라면서 말이다.

시간이 쫓겨 서두르게 되면 우리는 압박감을 받는다. 압박감은 강도 높은 스트레스다. 마치 포식자에 쫓기는 사냥감이 전력 질주를 하는 것과 같은 상태다. 이런 상태의 뇌에선 이성적 사고를 담당하는 전두엽의 불은 꺼지고, 생존본능을 담당하는 부위인 '변연계'의 불이 켜진다.

변연계가 활성화된 뇌는 느긋하고 유연하게 생각하지 못한다. 주변을 살펴볼 여유도 없어진다. 오로지 살아남아야 한다는 목표에만 초점을 맞추는 것이다. 하지만 변연계의 무리한 활성화는 독이 된다. 생존 본능에 이끌려 몸과 마음을 혹사시키기 때문이다. 게다가 이런 식의 급박한 반응을 여러 번 반복하기라도 하면, 몸은 극도로 피로해진다. 시간에 쫓겨 아슬아슬하게 해내면 처음에야 안도감과 성취감을 느낄 수도 있겠지만, 이를 여러 번 반복하다간 결국 몸과 마음이 고장 나고 말 것이다.

라틴어 격언에 '천천히 서두르라festina lente'라는 말이 있다. 행동은 서두르되 마음은 느긋하게 먹으라는 의미다. 훌륭한 뜻이지만, 웬만큼 내공이 갖춰지지 않은 이상 쉽지 않은 일이다. 보통 서두르다 보면 마음도 덩달아 급해진다. 이럴 땐 사고가 단순해지고 시야도 좁아지기 때문에 판단력이 흐려져 실수가 잦아진다. 이런 실수를 저지르지 않도록 마음에 여유를 불어넣는 방법은 아주 간단하다. 시간을 여유 있게, 계획적으로 관리하는 것이다.

그런 의미에서 '20분 미리 하기'나 '10일 먼저 하기' 같은 방법은 시간을 계획적으로 운영하는 훌륭한 방법이 될 수 있다. 감당할 수 있는 범위에서 조금씩 미리 해두는 습관을 들여 보는 것이다. 시간을 쪼개고 쪼개 5분 단위로 계획을 세운 나머지 '시간을 정복한 사나이'라는 별명이 붙은 러시아 과학자 알렉산드르 류비셰프Aleksandr Lyubishev처럼은 어렵더라도, 1시간 단위의 하루 계획이라면 우리도 충분히 시도해 볼 수 있다.

사람은 외부에 의해 통제당할 때 스트레스를 받고, 반대로 무언가를 통제할 때 안정감을 얻는다. 할 일을 미리미리 하는 것은 시간에 통제당하는 대신 시간을 통제하는 일이다. 그럴 때 우리는 안정감을 얻고, 상황을 넓고 길게 볼 수 있는 여유가 생긴다. 그리고 이런 여유야말로 자신과 타인에게 친절해질 수 있는 비결이다. 그러니 오늘부터라도 내일 할 일을 조금씩 미리 해 보자. 너를 위해, 그리고 나를 위해.

단번에 하려 하면 아무것도 못 한다

퇴행성 뇌 질환의 일종인 파킨슨병 환자들은 일상생활에 여러 어려움을 겪는다. 그중 가장 큰 고통은 걸음을 뗄 때 다리가 자기 뜻대로 움직이지 않는다는 것이다. 이를 '보행동결freezing of gait'이라고 하는데 걷기 시작할 때, 걷는 도중, 코너를 돌 때 등 시도 때도 가리지 않고 나타난다. 그 때문에 환자들은 혼자 밖으로 나가는 것을 두려워할 뿐만 아니라 집안에서의 이동도 쉽지 않아 큰 불편을 겪는다. 걷다가 갑자기 보행동결이 나타나면 넘어져 큰 부상으로 이어질 수 있기에 생명과도 직결된 문제다.

그런 파킨슨병 환자들을 도와 줄 획기적인 도구가 있다. 바로 레이저 지팡이다. 이 지팡이가 발명된 계기는 아주 사소했다. 1980년대 호주, 파킨슨병 환자들을 진료 중이던 어느 신경학자는 환자에게 솔깃한 이야기를 듣는다. 환자가 말하길 그날도 침대에서 일어나 발걸음을 떼려고 씨름하고 있었는데, 우연히 지팡이를 거꾸로 뒤집어 들자 신기하게 발걸음이 편해지더라는 것이다.

신경학자는 환자의 이야기를 흘려듣지 않았다. 그는 곧바로 다른 파킨슨병 환자들에게도 거꾸로 뒤집은 지팡이가 보행에 도움이 되는지 실험했다. 그 결과 놀랍게도 다른 환자들 역시 보행동결이 거의 나타나지 않았다. 그 이유는 바닥을 향한 지팡이의 손잡이가 일종의 시각적 신호로 작용했기 때문이었다. 평소처럼 지팡이를 들었을 때는 막연히 멀리까지 걸어야 한다는 부담에 발이 꿈쩍도 하지 않았는데, 지팡이를 거꾸로 들자 바닥으로 향한 손잡이가 딱 이만큼만 걸으라는 작은 목표를 제시해 줌으로써 걸음과 관련된 뇌의 작용이 변한 것이다.

1987년 논문으로 발표된 이 실험 덕분에 파킨슨병 환자들의 보행을 돕는 다양한 제품이 개발되었다. 그중 빛으로 된 선이 바닥에 표시되는 레이저 지팡이가 가장 널리 쓰이고 있다. 작은 목표에 관한 사소한 발견이, 보행 장애를 겪고 있는 많은 환자에게 큰 도움이 된 셈이다.

역시 파킨슨병을 앓고 있는 정신과 의사 김혜남 씨도 저서《만일 내가 인생을 다시 산다면》에서 이와 비슷한 경험을 언급하고 있다. 그녀도 화장실을 가는 길에 보행동결이 오면서 여러 번 넘어졌다고 한다. 지쳐서 포기할 때쯤 그녀는 화장실 문을 바라보는 대신 우연히 자신의 발을 바라보았다. 그렇게 자신의 발을 보면서 천천히 한 발짝씩 떼니 다리가 움직이기 시작했고, 그러다 보니 화장실까지 와있는 자신을 발견할 수 있었다. 이 경험을 통해, 김혜남 씨는 파킨슨병 환자들뿐만 아니라 인생에 겁먹은 일반 대중들에게까지 작은 한 발짝의 커다란 힘을 알리고 있다. 저 멀리 있는 목표 지점만 바라볼 때는 한 걸음도 떼기 어려웠지만, 가까운 곳에 있는 작은 표식을 시각적 신호로 삼고 딱 이만큼만 걷자는 작은 목표에 집중했더니 걸음을 뗄 수 있었다는 것이다.

꼭 파킨슨병 환자들이 아니더라도, 이와 유사한 일이 우리의 일상에서도 많이 일어난다. 많은 일을 한꺼번에 하려고 할 때, 단번에 그 목표를 이루고 싶을 때, 우리는 결국 아무런 엄두도 내지 못하고 주저앉는 '행동동결' 상태가 된다. 예를 들면 시험 범위가 너무 넓어서 아무것도 하지 못하고 손을 놔버리거나, 정리해야 할 할 짐이 너무 많아 대청소를 시작도 하기 전에 지쳐 나가떨어지는 것처럼 말이다. 해야 할 과제를 책상에 수북이 쌓아 놓고도 시작하지 못하거나, 업무 메일이 몇십 통 쌓여 있으면 아예 열어 볼 생각조차 하지 못하는 것도 마찬가지다. 현재 나의 상태와 목표 사이 거리가 크면 클수록 결국 아무것도 하지 못하는 행동동결이 심해진다.

국내에는 '쓰기의 감각'이라는 제목으로 소개된 책 《bird by bird》의 작가 앤 라모트Anne Lamott는, 책에서 자신의 오빠가 10살 때 있었던 일을 회상한다. 학교에서 과제로 새에 대한 보고서를 써오라며 3개월의 시간을 주었는데, 오빠는 마감 하루 전날까지 한 줄도 써놓지 않았다고 한다. 제출해야 하는 날짜가 다음날로 다가왔는데도 한 마리도 그리지 못한 오빠는 어찌할 줄 모른 채 울음이 터지기 직전이었다.

그때 아버지가 오빠에게 다가가 이렇게 이야기했다고 한다. "하나씩 하나씩, 새 한 마리 한 마리 차근차근 처리하면 돼." 울음을 그친 오빠는 아버지의 말대로 한 마리씩, 한 마리씩 새를 그려나갔고 마침내 과제를 완성할 수 있었다. 앤 라모트는 글쓰기도 마찬가지라고 말한다. 책 한 권의 완성을 위해서는 결국 한 단어씩, 한 문장씩 쓰는 수밖에 없고 그렇게 쓰다보면 언젠가는 완성된다고 말이다. 책 제목이 'bird by bird(새 한 마리씩)'인 이유다.

앞이 캄캄한 밤길을 운전해서 무사히 목적지에 도달할 수 있는 유일한 방법은 전조등이 비추는 거리만큼 운전해 나가는 것이다. 아무것도 보이지 않는다고 멈추어 있으면 목적지까지 갈 수 없다. 목적지는 생각하되 당장 눈앞에 보이는 불빛을 따라 조금씩이라도 움직여야 목적지에 무사히 도착할 수 있다.

그러니 목표는 크게 잡되, 목표에 이르기 위한 행동은 작게 쪼개야 한다. 한꺼번에 이룰 생각, 단번에 이룰 생각 대신 지금 당장 할 수 있는 한 가지에 시선을 고정시키고 움직이는 것이다. 그래야 한 걸음이라도 앞으로 나아갈 수 있다. 마치 나무젓가락 수십 개가 뭉친 다발은 부러뜨리기 힘들지만, 나무젓가락 하나는 쉽게 부러뜨릴 수 있듯이 말이다.

혹시 당신도 막막하기 그지없는 목표를 차일피일 미루며 한숨짓고만 있는가? 그렇다면 목표를 가슴에

품되 시선은 발밑에 두자. 하나씩 하나씩, 조금씩 조금씩, 야금야금 해치워 버리다 보면, 멀게만 보이는 목적지도 어느새 도착해 있을 것이다.

혼자 오해하고
혼자 화내지 마라

길을 가다 지인을 발견하고 반갑게 손을 흔들었다. 그런데 나를 못 본 체하고 지나간다. 이런 상황이라면 어떤 생각과 기분이 들겠는가? 학생들에게 물어보면 다양한 반응이 나온다. 대략 당황스럽고 민망하다는 반응, 자신이 뭔가 잘못한 게 아닐까 하는 생각에 불안하다는 반응, '나도 다음에 아는 체하나 봐라' 하며 소심한 복수를 꿈꾼다는 반응 등이다. 물론 '나를 못 봤나 보네' 하며 아무렇지도 않게 넘기거나, '말 못 할 고민이 있나 보다' 하면서 염려스럽다는 반응도 있다.

이런 상황도 한번 떠올려보자. 여러분이 친구에게 문자를 보냈는데 읽고는 답이 없다. 한참을 기다려도 연락이 없다. 이럴 때 어떤 생각과 기분이 들까? 어떤 학생은 자기도 비슷한 경험이 있다며 이렇게 대답했다.

"처음에는 '저번에 내가 한 농담 때문에 화가 났나?' 하는 생각에 걱정이 들었는데, '그래도 그렇지 문자를 봤으면 연락을 해줘야 하는 거 아니야? 그게 친구 간의 예의지' 하는 생각이 들면서 화가 났어요. 답장을 안 한 이유가 뭔지 직접 묻고 싶어 용기를 내어 전화를 걸었는데, 계속해서 받지 않자 '친구한테 무슨 일 생긴 거 아니야?' 하는 생각이 들면서 갑자기 친구가 걱정되기 시작하더라고요. 그러다 문득 친구가 수업 중일 수도 있겠다는 생각이 들자 안도감이 들면서 마음이 편해졌어요."

위의 예는 같은 사건이라도 어떻게 생각하느냐에 따라 경험하는 감정 또한 달라진다는 사실을 잘 보여

주고 있다. 첫 번째 예시는 사람에 따라 다양한 생각과 다양한 감정을 경험한다는 것을 보여준다. 반면 두 번째 예시는 같은 사람, 같은 일이더라도 그에 대한 해석이 계속해서 바뀔 수 있으며 그로 인해 개인이 경험하는 감정 또한 계속해서 바뀔 수 있음을 보여준다.

길을 가다 지인이 모르는 체하고 지나가는 상황, 친구에게 보낸 문자에 답이 없는 상황은 '사실fact'이다. 실제로 일어난 일이라는 뜻이다. 그런 일이 일어났다는 데에는 의심의 여지가 없다. 문제는 우리가 그에 대한 생각이나 감정 또한 사실이라고 믿는다는 데 있다. 만약 생각과 감정이 사실이라면 같은 일에 대해 모든 사람이 똑같이 해석하고 똑같은 감정을 느껴야 한다. 생각과 감정이 사람 따라, 상황 따라 수시로 변한다는 것은 그 '생각'과 '감정'이 사실이 아니라는 증거다.

감정은 상황을 천천히 뜯어볼 틈 없이 순식간에 생겨난다. 그래서 감정의 원인을 사건 그 자체로 돌리는 경우가 굉장히 흔하다. 그러다 보면 제멋대로 생긴 감정 또한 의심의 여지 없이 사실이라고 믿어버리는 오류를 범하기 쉽다. 하지만 사건과 감정 사이에는 우리의 '생각' 즉, '분명 그럴 것'이라는 신념이나 믿음이 놓여있다. 이를 어떻게 해석하느냐에 따라 감정 또한 변할 수 있다는 사실을 기억해야 한다. 내 감정의 원인은 그 사건으로 인한 필연적인 결과가 아니라 단지 내가 그렇게 믿었기 때문임을 말이다.

심리학에서는 이를 '감정의 ABC 모형'이라고 한다. 사건Antecedent에 대한 믿음Beliefs이 결과Consequence를 낳는다고 보는 것이다. 이처럼 자기만의 해석을 진실이라고 믿는 마음이 강해지면 과격한 행동으로 이어지기도 한다.

최근 뉴스를 보다가 60대 노인이 다른 사람의 승용차에 휘발유를 뿌리곤 라이터를 들이밀며 불을 지르겠다고 위협한 사건을 접한 적 있다. 나중에 취조 과정에서 노인은 차량 주인이 자신을 무시해서 화가 났다고 진술했다. 이 밖에도 자신을 벌레 보듯 쳐다봤다는 이유로 길 가는 사람을 무자비하게 폭행하기도 하고, 다른 운전자가 자신의 앞길을 방해했다는 이유로 보복 운전을 하는 경우도 우리 주변에서 쉽게 찾아볼 수 있다. 모두 자기 생각이 '사실'이라고 제멋대로 믿어버린 경우다. 이들은 모두 자신이 느낀 감정의 원인을 상대방에게 돌리면서 폭력을 저지른 것이다.

이 정도의 폭력은 아니더라도, 사실 우리 또한 자주 이런 잘못을 범한다. 일상에서 내 감정의 원인을 상대 탓으로 돌리며 짜증을 부린 적이 다들 있지 않은가. 하지만 시간이 지나 자신의 오해였음을 깨닫게 되기도 하고, 되돌릴 수 없는 말과 행동을 저질러 관계가 어긋나 버리기도 한다.

작가 은유는 《글쓰기 상담소》에서 글을 잘 쓰는 기본적인 방법 중 하나로 '행위 중심의 글쓰기'를 소개한다. 예를 들어, '애인은 늘 나를 통제하려고 했다'라고 쓰기보다는 '친구랑 나눈 문자까지 일일이 보려고 했다'라고 쓰는 것이다. 앞의 문장은 판단과 감정이 섞인 문장인 반면, 뒤의 문장은 실제 일어난 사실을 적은 문장이다. 그는 이러한 노력이 인물을 있는 그대로 보려는 노력이라고 설명한다.

이러한 태도는 글을 쓸 때뿐만 아니라 일상생활에서도 무척 도움이 된다. 눈앞의 일을 두고 자기만의 생각과 감정에 매몰되는 대신, 실제로 무슨 일이 일어났는지에 주의를 돌리게 되면, 훨씬 넓고 세심한 시야로 전체 상황을 볼 수 있게 된다.

부정적인 감정이 불쑥 올라올 때 '다르게 생각해 볼 수는 없을까?' 하고 스스로 묻는 것도 좋은 방법이다. 그렇게 자신에게 질문을 던질 때 우리는 조금 더 열린 마음을 가질 수 있다. 그냥 겉만 번지르르한 말이 아니다. 실제로 이러한 태도는 뇌에서 감정조절을 담당하는 내측 전전두피질을 활성화하여 사회적인 소통 능력을 강화시킨다.

생각은 그저 생각일 뿐 사실이 아니다. 그냥 왔다가 사라지는 바람 같은 것이다. 바람은 실체가 없고 한곳에 머물러 있지 않는다. 생각을 사실이라고 믿는 것은 바람을 붙잡을 수 있다고 믿는 것과 같다. 그 바람은 이미 사라졌는데 말이다. 생각은 그저 일어났다 사라지는 정신적 사건일 뿐이다. 대부분의 생각은 사실이 아닌 나의 판단과 해석과 평가라는 사실을 잊지 말자. 생각에 휘둘리는 대신, 생각을 다스리고 싶다면 말이다.

어쩔 수 없는 일은 가만 두면 풀린다

엘리베이터를 기다리다 보면 종종 이런 일이 생긴다. 지하 2층에서부터 올라오던 엘리베이터는 내가 기다리고 있는 7층을 지나 9층, 12층, 15층, 18층, 20층을 찍고서야 내려온다. 엘리베이터가 멈출 때마다 내 혈압은 높아져 간다. 20층에서 내려오면서도 몇 번 더 멈춘 후 드디어 7층에 도착한다. 나를 태우고 나서도 몇 번 더 멈추며 느릿느릿 1층에 도착한다. 마음속은 짜증으로 가득 찼고 거울에 비친 얼굴은 일그러져 있다.

이번엔 마트에서 물건을 고른 뒤 계산하기 위해 줄을 서서 차례를 기다리고 있다고 하자. 그런데 양옆의 줄만 빠르게 줄어들고, 내 줄은 통 줄어들 생각을 하지 않는다. 점점 초조하고 답답해진다. 이 밖에도 도로에서 내가 탄 차선만 속도가 느리거나, 신호등마다 걸려서 가다 서다를 반복하거나, 바로 눈앞에서 지하철이나 버스를 놓치거나, 할인하면 사려고 기다렸던 물건이 눈앞에서 품절되거나, 저렴하게 샀다며 기뻐하던 중 더 싸게 파는 곳을 발견하거나, 이런저런 약속과 계획을 잡아놨는데 독감에 걸려 아무것도 못 하고 누워만 있어야 하는 상황도 상상해 보라. 이 정도면 아무리 참을성이 뛰어난 사람이라도 못 참고 한마디 내뱉게 될 것이다.

이처럼 예기치 못한 사건 사고가 터졌을 경우 우리는 극도의 스트레스를 경험한다. 하는 일마다 어긋나니 오늘따라 재수가 없는 것 같고, 일이 잘 풀리지 않는다는 느낌에 기분이 하루 종일 우중충해진다.

반면 엘리베이터 버튼을 누르자마자 바로 도착하거

나, 버스나 지하철이 바로 도착하거나, 운전할 때마다 신호에 걸리지 않고 쭉쭉 나가거나, 내가 물건을 구매하자마자 바로 매진되거나, 고민했던 일이 술술 풀릴 때는 어떤가. 이럴 땐 행운의 여신이 나와 함께하는 것 같고, 세상이 나에게 호의적인 것 같다는 느낌에 하루 종일 기분이 좋아지지 않는가.

위에서 소개한 예들은 일상에서 흔히 만나볼 수 있는 아주 사소한 일들이다. 그런데 잘 생각해 보면 참 이상한 일이다. 엘리베이터가 바로 도착했다고 해서 속도가 빨라지는 것도 아니고, 남들보다 먼저 계산한다고 해서 할인을 받는 것도 아니고, 버스나 지하철을 눈앞에서 놓쳤다고 해서 요금이 더 비싸지는 것도 아니다. 그런데 우리 기분은 왜 이렇게 사소한 '운빨'에 쉽게 영향을 받는 것일까?

그 비밀은 바로 통제감sense of control에 있다. 통제감은 말 그대로 상황을 통제할 수 있다는 느낌이다. 즉, 모든 일을 내가 바라고 원하는 대로 통제할 수 있다는 자신감이다. 통제감의 유무는 우리의 정신건강뿐만 아니라 신체 건강에도 큰 영향을 미친다.

대표적인 실험의 예로 엘렌 랭어Ellen Langer의 연구가 있다. 랭어는 요양병원에 입원 중인 노인들을 두 그룹으로 나누었다. 이들 중 한 그룹에겐 각자 돌볼 화분을 선택해서 직접 관리하고 키우게 했고, 다른 그룹은 병원 직원이 관리하는 식물을 그저 쳐다보도록 했다. 1년 6개월이 지난 후 두 그룹의 건강을 비교했더니 흥미로운 결과가 나왔다. 화분을 스스로 돌보게 한 그룹이 더 쾌활하고 활동적이고 민첩했다. 더욱 놀라운 사실은 이들의 사망률까지 다른 그룹보다 훨씬 낮았다는 것이다. 실제로 《스트레스의 종말》에서 브루스 맥쿠엔Bruce McEwen은 실험자가 상황에 대한 통제감을 상실했을 경우 호흡기 질환과 동맥 경화증에 취약해지고, 기억력이 감소하며, 심지어 사망률도 더욱 높아질 수 있다고 말한다.

이처럼 상황을 통제할 수 있다는 자신감은 삶에 꼭

필요하다. 하지만 통제할 수 없는 것까지 통제하려고 들면 여러 문제가 발생한다. 엘리베이터가 얼마나 자주 멈출지, 차가 신호에 얼마나 자주 걸릴지, 버스나 지하철을 얼마나 오래 기다려야 할지 등등은 내가 통제할 수 없는 일이다. 그런 일은 예측할 수도 없고, 막을 수도 없다. 그냥 일어날 뿐이다.

이런 사실을 머리로는 알고 있어도, 실제로 겪으면 쉽게 초조해지고 짜증이 난다. 내가 어찌할 수 없는 외부 상황에 이끌려간다고, 다시 말해 통제받고 있다고 생각해 스트레스를 받는 것이다. 이러다 보면 '도대체 뭐가 잘못된 거지? 왜 이렇게 일이 안 풀리는 거야?'라며 존재하지도 않는 원인을 찾아 헤매고, 결국 기분은 더 나빠지기만 하는 악순환의 굴레에 빠진다.

이처럼 우리는 자신의 의지나 능력으로 결코 통제할 수 없는 일을 두고 '해내지 못했다'라고 착각하며 스트레스를 받는 실수를 자주 범한다. 해낼 수 없는 일을 해내지 못한 일로 착각하는 이유는 자신이 처한 상황과 조건을 객관적으로 따져 보는 대신, 주어진 자극에 곧바로 반응하는 습관이 들었기 때문이다.

일이 뜻대로 되지 않는다고 느껴진다면, 짜증을 내기에 앞서 이 일이 과연 내가 통제할 수 있는 일인지, 통제할 수 없는 일인지부터 스스로 물어보는 습관을 만들어 보자. 만약 통제할 수 없는 일이라면 깔끔히 포기하는 게 좋다. 어쩔 수 없는 일이다. 그 대신 지금 당장 내가 통제할 수 있는 게 무엇인지 찾아보고 그걸 실행해 보자. 아주 작고 사소한 것이라도 말이다.

예를 들어, 엘리베이터를 기다리는데 계속 지체되는 상황이라면 닫힘 버튼을 쾅쾅 누르며 짜증을 내는 대신 심호흡을 하며 호흡의 리듬을 바꿀 수도 있고, 스트레칭을 하며 몸을 풀 수도 있고, 오늘 할 일을 떠올리며 계획을 세울 수도 있고, 어제 외운 영어 문장을 되새기며 복습할 수도 있고, 스마트폰을 보며 필요 없는 사진이나 자료들을 지울 수도 있고, 불편한 마음을 가만히 들여다볼 수도 있다.

엘리베이터 운행을 내가 통제할 수는 없지만, 다른 통제할 수 있는 일들로 시선을 돌리고 그 일을 실행한다면 내 마음의 상태는 완전히 달라진다. 상황을 바꿀 수는 없지만 상황을 대하는 나의 태도는 바꿀 수 있는 것이다. 그러니 통제할 수 없는 것을 통제하려는 소모적인 태도는 버리고, 통제할 수 있는 것을 찾아 실행하는 건설적인 태도를 택해보자. 그럴 때 당신의 몸과 마음은 더욱 건강해질 것이다.

4장

오늘의 행복을 내일로 미루지 마라

당연한 것이
가장 소중한 것이다

남편이 먼 지방으로 발령받았을 때의 일이다. 그러자 나 또한 남편을 만나러 비행기를 타는 일이 잦아졌다. 한 달에 두어 번씩이나 비행기를 타다니, 내 인생에 이렇게 비행기를 자주 탄 적은 없었다. 코로나바이러스 유행으로 해외 여행길이 막힌 상황에서, 공항에 가서 비행기에 타는 것 자체가 마치 여행가는 듯한 기분이 들었다. 그래서인지 지방에 내려갔다 올라오는 길도 번거롭기보다는 나름 즐거웠다.

4월 어느 날, 김포공항은 제주도로 여행 가는 사람들로 무척 북적였다. 게다가 출입 심사도 강화되어 입장을 기다리는 줄이 끝도 없이 길었다. 날은 덥고 사람은 많아서 피곤한 다리를 달랠 대기석도 부족했다. 겨우 자리가 나서 앉은 대기석 앞엔 할머니와 함께 온 서너 살쯤 되는 남자아이가 비행기를 빨리 타고 싶다며 투정을 부리고 있었다. 다른 곳으로 옮기고 싶었지만, 겨우 앉은 자리라 그냥 참고 책에 시선을 집중했다. 앞을 바라보고 짜증을 내던 꼬마가 갑자기 내가 있는 뒤쪽으로 몸을 돌리더니 손에 쥐고 있던 장난감을 떨어뜨렸다. 집중을 방해한 그 꼬마가 예쁘지는 않았지만 그래도 친절한 웃음을 지으며 장난감을 주워 건넸다. 옆에 있던 할머니가 꼬마에게 '고맙습니다, 해야지'라며 인사를 시켰지만, 아이는 보란 듯 다시 장난감을 떨어뜨렸다. 그리고 할머니에게 '싫어, 네가 주워줘'하는 것이었다. 순간 '이런 버릇없는 꼬마를 봤나' 싶어 욱하는 마음이 올라왔지만 무안했을 할머니 생각에 잠자코 책으로 눈길을 돌렸다.

그사이에 탑승 시간이 된 꼬마는 할머니와 함께 사라졌고, 나도 탑승할 시간이 점점 가까워져서 화장실을 들렀다 나왔다. 그런데 그 짧은 사이 길게 늘어서 있던 대기 줄이 사라지고 아무도 없었다. 다급한 마음으로 승무원에게 물어보니 이미 탑승 수속을 시작했고 곧 마감한다고 했다. 부랴부랴 마지막 셔틀버스를 타고 겨우 비행기에 올랐다. 기내에는 이미 승객들이 가득 차 있었고, 나는 조급한 마음으로 창가 자리인 내 좌석으로 비집고 들어가 앉았다.

놀라고 당황한 마음을 진정시킨 후, 나는 늘 그랬듯 여유롭게 하늘 아래 풍경도 보고 구름도 보고 책도 읽고 눈도 붙였다. 몇십 분이 지났을까, 도착지에 거의 도착했는지 서서히 비행기가 하강하는 게 느껴졌다. 예정대로라면 5분 내로 착륙할 것이었다.

스마트폰을 비행기 모드에서 해제하려는 순간 갑자기 비행기가 다시 올라가는 게 느껴지면서 기체가 심하게 흔들리기 시작했다. 같은 항로를 수십 번 오가면서 한 번도 느껴 보지 못한 강한 흔들림이었다. 곧이어강한 바람으로 착륙이 어려워 선회한다는 기내 방송이 스피커에서 흘러나왔다.

선회하는 내내 강한 바람으로 기체가 상하좌우로 심하게 흔들리자, 처음엔 침착하던 승객들도 하나둘씩 술렁거리기 시작했다. '이대로 떨어진다면…', '이 순간이 마지막이라면…'하는 생각이 들자 나도 덜컥 겁이 나기 시작했다. 그리곤 눈을 감고 평소에 하지도 않던 기도를 하기 시작했다. '제발 무사하기를', '아무 이상 없이 착륙하기를', '산소마스크를 써야 하나', '남편한테 문자라도 넣어야 하나', '어떡하지' 등등을 외면서 말이다.

여러 생각들로 마음이 복잡했고 불안감이 심해지면서 몸과 마음이 진정되질 않았다. 안 되겠다 싶어 가만히 호흡에 집중했다. 그때 문득 내 마음 깊은 곳에서 '이쯤이면 참 잘 살았다. 후회 없다. 이것으로 됐다'라는 차분한 음성이 들려왔다. 그 순간 마음이 정말 평온해졌다. 다만 남겨질 남편이 얼마나 힘들어할지만 걱정될 따름이었다.

마음이 평온해지자 그제야 승무원을 비롯한 주변

사람들이 눈에 들어왔다. 일면식도 없는 옆자리 청년을 포함해 왁자지껄 떠들던 앞자리의 초등학생들, 그리고 함께 탑승한 승객과 승무원들에게 강한 연대감이 느껴졌다. 그리고 방금까지 아무 걱정 없이 풍경을 보던 순간, 비행기를 기다리며 앉아 있던 순간, 나를 보며 장난감을 일부러 떨어뜨리던 황당한 꼬마, 사람에 치이며 공항으로 걸어오던 순간…. 그런 일상의 아주 평범한 순간들이 얼마나 아름답고 감사할 만한 일이었는지 온몸으로 느껴졌다. 머리로는 알고 있었지만 몸으로 체감하지 못하고 무감각하게 살았다는 사실, 살아 숨 쉬는 것 자체가 정말 기적이었다는 사실이 머릿속을 스치고 지나갔다.

다행히 서너 번 선회한 끝에 비행기는 무사히 착륙했다. 평소 내릴 때 승무원에게 "감사합니다" 정도의 가벼운 인사만 건넸는데, 그날은 나도 모르게 "정말 수고 많으셨습니다!"라며 진심으로 감사함을 표현했다. 비행기에 내려서 집으로 가는 길에 만난 모든 사람 그리고 주변 풍경들이 그렇게 고맙고 아름다울 수 없었다. 그렇게 남편을 만나 함께 먹은 저녁은 말로 표현할 수 없는 감동이었다. '무탈이 행복'이라는 사실을 온몸으로 느낀 날이었다.

영화 〈꾸뻬 씨의 행복여행〉에도 이와 유사한 장면이 나온다. 주인공인 정신과 의사 '헥터'는 일상생활에서 무력감을 느끼고 진정한 행복을 찾기 위해 여행을 떠나기로 한다. 다양한 나라에서 다양한 사람들을 만나며 자신의 수첩에 행복 리스트를 채워 가던 헥터. 그러던 중 그는 무서운 갱단에 납치당해 죽음 직전까지 갔다가 무사히 풀려난다. 이 순간 헥터는 지금 자신이 살아 있다는 것 자체가 인생의 가장 큰 행복이고 축복이라는 사실을 깨닫는다. 처참한 몰골임에도 덩실덩실 춤을 추고 온몸으로 감사를 표현하는 헥터의 모습을 보면 절로 마음이 흐뭇해진다.

우리는 아파서 끙끙 앓아 봐야 아프지 않고 건강했을 때가 얼마나 감사하고 행복한 건지 알게 된다. 소중한 걸 잃어 봐야 그것이 얼마나 소중했는지를 깨닫게 된다. 죽을 뻔한 일을 경험하거나 가까운 사람을 잃고 나서야 자신 혹은 소중한 사람들이 언제든 어디서든 죽을 수 있는 유한한 존재라는 사실을 깨닫는다.

아프기 전에, 잃기 전에 이러한 깨달음을 늘 상기한다면 얼마나 좋을까. 하루하루가 얼마나 소중할 것이며, 옆에 있는 사람이 얼마나 소중하고 귀하게 여겨질 것인가. 당연한 걸 당연하게 여기지 않는 연습을 통해 조금이나마 이런 마음으로 삶을 살아갈 수 있다.

이런 마음을 갖기 위해 도움을 줄 수 있는 심리학적 기법이 있어 소개하고자 한다. 바로 '상실 가정해 보기'라는 방법이다. 만약 내가 가지고 있는 것들이 없어지면, 사라지면 어떤 마음이 들지, 혹은 소중한 존재를 잃는다면 어떤 마음이 들지를 가상으로 떠올려 보는 훈련이다.

예를 들어 부모님이 돌아가시게 된다면 어떤 마음이 들까? 미리 상상해 본다면 평소 귀찮게만 느껴졌던 잔소리에도 가슴이 뭉클해지고, 보고 싶을 땐 언제든지 뵈러 갈 수 있다는 사실만으로 감사함이 느껴진다. 남편이나 아내 혹은 자녀나 형제자매가 세상에 없다고 생각하면 지금 함께 있는 그 사람의 존재가 얼마나 감사하고 고마운지 새삼스레 와닿는다.

아무리 뛰쳐나가고 싶은 직장이라도, 하루아침에 쫓겨나면 얼마나 막막할지 상상해 보자. 그러면 오늘 하루 내게 주어진 일이 오히려 고맙게 느껴질 것이다. 물건도 마찬가지다. 만약 내가 늘 작업하고 있는 노트북이나 컴퓨터가 없다면, 또는 신발이 없다면, 휴지가 없다면, 칫솔이 없다면, 냉장고에 먹을 식량이 하나도 없다면 어떨지 상상해 보라. 얼마나 불편할지 금방 와닿게 되고, 그 물건들이 있음에 감사하고 물건 하나하나가 소중하다는 생각을 갖게 된다.

불교 수행에 심리치료 기법을 접목한 용타 스님의 '있고-없음의 차이' 느끼기라는 방법도 이와 유사한 방법이다. 이러한 방법들은 일상의 평범함이 얼마나 소중한지를 자각하도록 도와주고 주변의 사물과 사람들의 존재가 얼마나 존귀하고 고마운지를 일깨워 준다.

곁에 있는 모든 것을 당연하게 생각하지 말자. 당연한 것은 아무것도 없다. 이 모든 것은 한순간의 우연으로 이곳에 모였다. 그리고 한순간의 우연으로 사라질 수도 있다. 그 사실을 깨닫는 순간, 인생은 찬란한 감사로 가득 찰 것이다.

후회는 좌절을,
반성은 희망을 만든다

오래 전 지도 교수님과 대화를 나누던 중 강의를 잘할 수 있는 비결이 무엇인지 여쭤본 적 있다. 그 당시 나는 대학 강의를 시작한 지 얼마 안 된 새내기 강사였다. 강의를 준비하고 가르치는 과정이 무척 버겁게 느껴지던 시기였다. 겨우 강의를 끝내고 나면 어떤 날은 잘했다는 생각에 기고만장하기도 했고, 어떤 날은 학생들의 싸늘한 반응이 강사 실격 판정처럼 느껴져 기분이 한없이 추락하기를 반복했다. 그런 나와 반대로 지도 교수님의 강의는 매 학기 정원이 넘칠 정도로 인기가 많았기에 신출내기로서 간절히 도움을 청한 것이다. 그런데 교수님께서 들려준 답은 너무나 의외였다.

"나도 아직도 강의는 어려워. 하지만 조금씩 성장하고 있어. 성장하는 데는 다양한 방법이 있겠지만, 이거 하나만큼은 확실하게 말해 줄 수 있어. 학교 강의든 외부 강의든 강의를 끝낸 후, 반드시 다시 되짚어 보며 내용을 정리해 보는 게 무엇보다 중요해."

그러면서 교수님은 그날 강의에서 어떤 점이 아쉬웠는지, 어떤 점이 만족스러웠는지, 학생들의 질문에는 적절히 대답했는지, 만약 그렇지 않을 경우 또 비슷한 질문을 받으면 어떻게 말해 주는 게 더 좋을지 등에 관해 매일 일지를 쓴다고 말씀하셨다. 그리고 수시로 이 일지를 들여다보며 정리하고 반성하는 시간을 갖는다는 것이다.

경력도 길고 원체 강의 평가도 좋은 분이기에, 나는

교수님이 타고난 교육자라고 생각했다. 그런데 몇십 년간 학생을 가르쳐 온 교수님조차 지금까지도 매 강의를 되새기며 복기한다니. 예상을 빗나가는 신선한 충격이 아닐 수 없었다.

나도 교수님을 본받으리라 다짐하고, 그다음 강의부턴 교탁에 녹음기를 켜 두었다. 그리고 녹음된 강의를 다시 들으며 스스로 평가해 보았다.

그렇게 들어본 내 강의에, 나는 큰 충격을 받았다. 솔직히 말해 아주 엉망진창이었다. 10분도 채 지나지 않았건만, 나는 재생을 멈췄다. 온갖 생각이 스쳐 지나갔다. '내 목소리가 이렇다니', '도대체 이 말은 왜 한 거야?', '이건 학생들이 불쾌해했을지도 몰라', '방금 건 차별적인 발언이었어' 등등을 거치던 내 생각은 결국 '다음 강의 때 학생들 얼굴을 어떻게 보지?'라는 절망에 도착해 버렸다.

강의 내용을 복기하는 과정은 수고스럽더라도 분명 멋지고 우아한 과정일 거라 생각했다. 하지만 기대를 넘어 이 과정은 수치스럽고 고통스러울 뿐만 아니라 무척 불쾌한 과정이기까지 했다. "넌 나에게 모욕감을 줬어"라는 영화 속 대사처럼, 강의를 복기하는 과정은 스스로 모욕감을 주는 과정이었다.

나는 강의 중 잘못하거나 실수한 내용을 계속해서 무한 재생하며 깊은 우울에 빠졌다. '도대체 왜 그렇게 말한 거지?', '왜 그런 농담을 한 거야?', '그때 왜 그렇게 흥분했지?'라는 생각을 되풀이하면서 말이다. 그러다가 강의를 되짚어 보는 과정을 접었다. 오히려 다음번 강의에 더 도움이 되지 않는다는 판단에서였다.

자신의 강의를 되짚어서 곱씹는 과정은 나나 지도 교수님이나 똑같았는데 왜 한 사람에게는 발전과 성장을 가져다주었고 한 사람에게는 수치심과 고통을 주는 과정이 된 걸까?

그 이유는 바로 '반성'을 했느냐 '반추'를 했느냐에 있다. 내가 했던 건 반추다. 반추rumination는 자신의 부정적인 감정과 고통에 지속적으로 주의를 집중하는 생각 습관이다. 우울한 사람들은 우울한 기분이 들 때 부정적인 감정과 그 원인에 대해 계속 곱씹는 경향이 있다. 곱씹는 내용은 주로 자신의 잘못이나 실수에 대한 후회와 자기 비난이다. 분노 지수가 높은 사람도 마찬가지로 곱씹기의 달인이다. 다른 점은 곱씹는 내용이 자신이 아닌 타인에 대한 비난과 원망이라는 점이다. 곱씹는 내용은 다르지만 부정적인 감정과 그것을 유발하는 원인에 모든 생각을 집중하고 있다는 점은 비슷하다. 곱씹을수록 배어 나오는 스트레스를 꾹꾹 삼키면서 말이다.

나와 달리 교수님이 했던 건 반성이다. 반성reflection 또는 숙고contemplation라 불리는 이 과정은 과거의 경험에 주의를 기울이되, 감정과 고통보다는 어떤 일이 벌어졌는지에 집중한다. 객관적인 사건 흐름에 집중하는 것이다. 제대로 반성하는 사람은 실수나 잘못으로 자신을 비난하는 대신 다음번에는 다르게 반응해야겠다는 계획을 세우며 성장하고 발전하기 위한 발판으로 삼는다.

쉽게 예를 들면, 반추하는 사람은 시험을 망친 뒤 '문제를 틀린 나'에 대해 생각한다. 이래서는 부정적인 감정이 겨누는 과녁도 나일 수밖에 없다. 그렇기에 끊임없이 자신을 비난하는 것이다.

이와 달리 반성하는 사람은 시험을 망친 뒤 '내가 틀린 문제'에 집중한다. 이러면 자연히 부정적 감정도 '나'가 아니라 '문제'를 겨눈다. 그래서 틀린 문제를 다시 풀어 보면서 틀린 이유를 확인하고, 맞혔더라도 운이 좋아 맞힌 문제는 다시 풀면서 재확인하는 과정을 거친다. 많이들 경험했겠지만 틀린 시험문제를 다시 풀어 본다는 것은 정말 고통스러운 과정이다. 그럼에도 이를 실천할 경우 다음번에는 같은 실수를 하지 않도록 도와주지 않던가. 이처럼 제대로 된 반성은 성장의 밑거름이 된다.

이러한 복기 과정의 달인이라고 할 수 있는 대표적인 직업 중 하나가 바로 바둑기사일 것이다. 언젠가 이세돌 9단에게 어느 취재 기자가 복기에 대한 생각을 물었다.

"복기의 과정이 고통스럽지 않나요? 진 것도 화나는데 졌다는 것을 한 번 더 확인한다는 게…"

이에 이세돌 9단은 이렇게 답했다.

"아닙니다. 오히려 어떻게 졌는지 모르는 게 더 답답하죠. 어떻게 이겼는지는 별로 중요하지 않아요. 하지만 어떻게 졌는지는 반드시 알아야 합니다. 도자기를 구울 때 뭐가 잘못됐는지 알아야 다음에 좋은 것을 만들듯, 바둑기사는 더 훌륭한 예술작품을 위해 복기를 하는 겁니다."

그런데 더 놀라운 사실이 있다. 영상 녹화 기술이 발달한 지금도, 노련한 바둑기사들은 자신이 졌던 대국의 수를 기억해 기보棋譜도 보지 않고 복기한다고 한다. 도대체 어떻게 평균 300여 수에 달하는 바둑알의 순서를 전부 기억할 수 있을까?

그 비결은 바로 '수의 의미'에 있다. 모든 바둑알의

순서를 기억하는 게 아니라, '의미 있는 돌'을 기억함으로써 복기 과정이 가능하다고 한다. 즉 바둑알을 놓았을 때 그 돌을 왜 놓았는지 기억함으로써, 앞뒤 맥락을 파악하고 모든 바둑알의 순서를 복기할 수 있는 것이었다.

이러한 바둑기사들의 복기 자세야말로 바로 우리가 지향해야 할 반성 또는 숙고다. 후회하고 원망하고 비난하는 대신 그 경험을 곰곰이 들여다보는 것이다. 그리고 그 경험을 통해 내가 얻을 수 있는 교훈이나 의미를 찾는 것이다. 이렇게 실패한 경험은 어떻게 사용하느냐에 따라 자신을 파괴하는 불쏘시개로 쓰이기도 하고, 자신을 성장시키는 장작으로 쓰이기도 한다.

강의를 마친 후 미흡했던 점, 아쉬웠던 점을 되돌아보며 점검하는 과정은 교육자의 필수 덕목이다. 나 또한 이제는 꽤 익숙해졌다. 물론 익숙해지기만 했을 뿐, 여전히 뼈저리게 부족함을 느끼곤 한다. 실수와 치부가 드러날까 두렵기도 하고, 학생들의 기발한 질문에 제대로 대답하지 못했다는 후회와 자책으로 연결되기도 한다.

어찌 보면 당연한 일이다. 복기란 바로 내가 몰랐던 나의 약점과 부족함을 내 눈앞에 스스로 들이미는 행위이기 때문이다. 그렇지만 더 나은 강의를 하기 위해서, 더 발전하는 내가 되기 위해서는 그것에 마주하는 방법밖에 없다. 스스로의 부족함이 불편하게 느껴지더라도 이를 직면해야 한다. 그래야 새로운 사실도 발견하고, 뜻밖의 해답도 얻게 되고, 다음에 같은 상황이 벌어지면 어떻게 행동해야 할지에 대한 통찰도 얻을 수 있기 때문이다.

이처럼 반성은 한 사람의 성장과 성숙을 위해 필요한 삶의 무기이자 태도다. 아무런 의미 없이 과거의 내용을 무한 재생해서 틀어 놓는 반추는 누구나 쉽게 할 수 있지만 아무런 도움이 되지 않는다. 아니, 오히려 자신의 삶을 파괴시킬 뿐이다. 반면 반성은 용기가 필요한 어려운 과정이지만, 실패의 경험을 걸림돌이 아닌 디딤돌로 삼아 앞으로 나아가도록 도와준다.

실패를 마주하길 두려워하지 말자. 우리는 누구나 실수하고, 실패한다. 그럴 때마다 자기 마음에 스스로 해코지를 가하는 대신 초점을 문제 그 자체에 두고 반성의 시간을 가져 보자. 꼭꼭 곱씹은 문제가 우리 마음에 쏙쏙 흡수되어 성장의 양분이 될 수 있게 말이다.

멀리 가려면 쉬면서 가야 한다

잠시 1870년대 미국으로 날아가 보자. 흙먼지 날리는 웨스트버지니아 철도 터널 건설 현장. 이곳에서 아주 중요한 시합이 벌어진다.

터널을 뚫기 위해서는 폭발물을 설치해야 하는데, 이를 바위 깊숙이 밀어 넣기 위해서는 먼저 바위에 구멍을 뚫는 작업이 필요하다. 19세기 중반까지만 하더라도 이 작업은 철도 노동자들의 수작업으로 이루어졌다. 그런데 마침 이때쯤 증기기관으로 돌아가는 드릴이 개발되면서, 철도 노동자들의 입지가 위협받기 시작했다. 그러자 기계가 철도 공사의 신세계를 열 것이라는 기대감과, 기계가 인간의 일자리를 없애 버릴지도 모른다는 두려움이 한데 뒤엉켜 터져 나오기 시작했다. 바야흐로 신기술에 관한 관심과 기대, 걱정과 우려가 팽배한 시대였다.

그때 기계를 상대로 용감하게 도전장을 내민 사람이 있었다. 바로 '강철 운전사'로 불리는 철도 노동자 존 헨리John Henry였다. 그는 자신이 기계 드릴을 이길 수 있다며 큰 자신감을 보였다.

드디어 수많은 대중의 관심을 받으며, 증기 드릴과 인간 드릴의 경합이 시작되었다. 하루 종일 진행된 시합의 결과는 인간의 승리였다. 평범한 철도 노동자였던 그는 순식간에 기계의 코를 납작하게 누르고 인간의 존엄성을 지킨 국민 영웅으로 추앙받기 시작했다. 사후에도 그를 주인공으로 한 수많은 영화와 만화, 노래 그리고 책들이 나왔고, 미국 곳곳에 그를 기념하는 동상이 세워졌다. 이 동상들은 아직까지 남아 기계를 이긴 영웅의 모습을 기념하고 있다. 존 헨리의 눈부신 승리는 꾸준히, 그리고 열심히 노력한다면 결국 성공한다는 '아메리칸드림'의 밑바탕이 되었다.

사실 '존 헨리 이야기'는 진위를 확인하기 어려운 미국 민담이다. 하지만 이런 민담이 널리 퍼져있었다는 사실은, 미국 민중들 사이에 뼈를 깎는 노력이 끝나면 언젠가 행복이 찾아오리라는 믿음이 퍼져 있었음을 보여 준다. 지금도 그렇다. 시대가 변하고 노동의 형태도 19세기와 달리 다양해졌지만, 열심히 일하고 바쁘게 살다 보면 언젠가는 내가 원하는 것을 얻을 수 있고 성공할 것이라는 믿음은 여전히 널리 퍼져 있다.

'해야 할 일 목록To do list'은 바로 그 노력을 더 효율적으로 수행할 수 있게 도와주는 최적의 도구다. 누가 처음 만들었는지는 모르지만, 이미 전 세계의 사람들이 사용하고 있는 시간 관리 도구이기도 하다. 중요한 일, 해야 하는 일을 잊지 않게 해주니 유용할 뿐만 아니라, 할 일을 해치울 때마다 하나하나 줄을 그으며 지워 나가는 작업은 뿌듯하고 재밌기까지 하다. 이 사소하지만 확실한 성공감이 목표를 향해 나아갈 수 있도록 동기를 부여하는 중요한 역할을 한다.

그러다 보니 할 일 목록은 자꾸 늘어나기 일쑤다. 심지어 목록을 지우는 것 자체에 재미를 느껴, 별로 중요하지도 않은 일까지 모두 할 일 목록에 집어넣는 사람도 있다. 가끔은 그걸 지우기 위해 하루를 바쁘게 정신없이 살아가는 자신의 모습이 멋있게 느껴지기도 한다. 목록에 죽죽 줄이 그어진 걸 보면 자신감도 생기고, 유능해진 기분도 든다.

문제는 이런 성공감이 자칫 중독 증세를 낳을 수도 있다는 것이다. 이를 '목표 중독'이라고 한다. 예를 들어, 매일 하루도 빠지지 않고 5km씩 달리는 사람이 있다고 하자. 그런 사람은 아주 성실할 뿐만 아니라, 건강하고 체력도 좋을 것이다. 곁에서 보고 있으면 본받고 싶은 마음이 생길지도 모른다. 그런데, 만약 관절 건강이 좋지 않거나 심지어 발목에 금이 가서 안정을 취해야 하는데도, 자신과의 약속을 지키겠다며 다리를 절룩이며 달리기를 계속한다면 어떨까? 이런 사람을 두고 정말 인내심과 끈기가 대단한 사람이라고 칭찬할 수 있을까?

운동 중독 전문가인 캐서린 슈라이버Katharine Schreiber와 레슬리 심Leslie Sim은 실제로 운동 중독에 빠진 사람들이 이런 행동 양상을 보인다고 말한다. 두 전문가는 몸 상태를 무시한 채 오늘 근력 운동을 몇 세트나 했는지, 몇 km를 달렸는지 등 수치적 목표에 집착하는 사람을 '목표 중독'에 빠졌다고 진단한다. 이런 사람에게 달리기는 본말이 전도된 행위가 된다. 즉, 살기 위해 운동하는 게 아니라, 운동하기 위해 사는 사람이 되는 것이다. 이처럼 목표 달성에만 열을 올리다 보면, 인간은 무의미한 행위를 반복하는 기계로 전락하고 만다.

다시 존 헨리의 민담으로 돌아가 보자. 증기 드릴을 이긴 존 헨리는 기계와의 시합에서 이긴 후 어떻게 되었을까? 영웅 대접을 받으며 행복하게 잘 살았을까? 그랬으면 좋았겠지만, 이야기는 시합에 이긴 존 헨리가 심장마비로 죽는 결말을 맞이한다. 기계를 이기기 위해 쉬지 않고 곡괭이를 휘두른 대가로 말이다. 심리학자 크리스토퍼 피터슨Christopher Peterson은 충분한 자원 없이 사건을 통제하기 위해 끊임없이 노력할 경우 한계에 다다르게 되고 결국 개인에게 큰 타격을 줄 수 있다고 말한다.

고속도로에서 운전해 본 사람들은 운행 중간중간 반드시 들르는 곳이 있다는 걸 알 것이다. 그렇다, 바로 휴게소다. 나 또한 친정집이 서울에서 4시간 이상 걸리는 지방이라서 고속도로를 자주 이용한다. 그리고 휴게소에 들러 화장실도 가고, 굳은 몸도 풀고, 간식도 먹고, 기름도 채운다. 차도 사람도 잠시 쉬면서 에너지를 채우는 것이다. 휴게소를 들르지 않고 계속 운전할 수 있을 것 같아도, 막상 휴게소에 들렀다가 다시 운전을 시작하면 자신이 지쳐 있었다는 사실을 확인할 수 있다. 쉬고 나면 확실히 기분 전환도 되고 활력이 생긴다.

사람도 기계도 쉬면서 에너지를 채워야 오래 달리고 잘 달린다. 운동선수가 경기 전에 스트레칭을 하며 몸을 푸는 이유는 부상 방지의 목적도 있지만 굳은 몸을 부드럽게 이완시킴으로써 본 경기에서 최상의 기량을 발휘하기 위함이다. 몸을 잘 풀어야 필요할 때 온 힘을 낼 수 있고 그래야 좋은 성과가 나온다는 걸 체험으로 알기 때문이다.

천재적인 첼리스트이자 지휘자인 장한나는 어느 방송 프로그램에 나와 다음과 같은 일화를 들려 주었다. 그녀는 11살 때 세계적인 콩쿠르에서 최연소 우승을 차지했는데, 그날 평소 너무나 존경해 마지않았던 세계적 첼리스트 므스티슬라프 로스트로포비치Mstislav Rostropovich를 만나게 되었다고 한다. 이때 로스트로포비치는 장한나에게 이렇게 조언해 주었다.

"한 달에 네 번 이상 연주하지 말고, 또래 친구들과 놀고, 학교를 꼭 다니고, 음악만 하지는 말 것!"

우리가 생각하기로는 천재 첼리스트가 되려면 머릿속에 오로지 첼로만 가득해야 할 것 같다. 드라마에 나오는 엄격한 선생님과 하루에 몇 시간씩 연습만 해야 하는 것 아닌가, 하는 생각도 든다. 하지만 20세기 가장 뛰어난 첼로 연주자의 조언은 정반대였다. 로스트로포비치는 장한나에게서 '천재 첼리스트'라는 재능뿐만 아니라 '11살 아이'라는 천진난만함도 보았고, 그것을 잘 챙기는 게 중요하다고 알려주었다. 장한나가 자신의 나이에 어울리는 시간을 보낼 수 있도록 말이다.

우리 삶에도 이런 중간중간 쉴 수 있는 휴게소 같은 시간이 필요하다. 계속 쉬지 않고 달리다 보면 기름이 떨어져 도로 한복판에 차가 멈춰 버릴 수도 있고, 깜빡 졸다가 사고가 날 수도 있고, 다른 생각에 빠져 목적지를 지나쳐 버릴 수도 있다. 무언가를 잘하기 위해서는doing well 먼저 잘 존재할 수 있어야 한다being well.

'해야 할 일 목록'은 물론 훌륭한 도구다. 방향을 잡고 앞으로 한 걸음, 한 걸음 나아갈 수 있도록 도움을 준다. 하지만 '해야 할 일 목록'은 '할 일 없음의 목록to be list'과 함께할 때 더욱 빛난다.

'할 일 없음의 목록to be list'은 자신이 추구하는 목표를 잠시 내려놓고 진정한 자신이 되는 시간을 말한다. 잠시 쉬면서 숨을 고르고 에너지를 채우고 잘 가고 있는지를 확인하는 데 도움을 주는 도구다.

야마구치 슈와 구스노키 겐은 《일을 잘한다는 것》에서 일 잘하는 사람들은 '할 일 목록'을 잘 만드는 사람이 아니라, 일에 대한 감각을 지닌 사람들이라고 주장한다. 이 감각을 키우기 위해서는 일 자체가 아니라 맥락을 볼 줄 알아야 한다. 이를 위해 가장 필요한 것이 바로 마음의 여유다. 마음이 조급하고 시야가 좁아져 있다면 좌우를 살펴 흐름을 볼 여유가 없으니 말이다.

목적지를 향해 난 고속도로를 열심히 달리는 사람에게는, 잠시 멈추고 쉬며 에너지를 충전하는 휴게소가 필요하다. 그러니 '할 일 목록to do list'을 만든다면 다른 한쪽에는 '할 일 없음의 목록to be list'도 만들어 실천해 보길 바란다. 각자 자신만의 휴게소를 지어 보고, 지칠 때마다 틈틈이 들러 보는 것이다. 오랫동안 즐기면서 달릴 수 있도록 말이다.

가장 먼저 배려해야 할 사람은 나 자신이다

나는 종종 학생들뿐만 아니라 일반인을 대상으로 심리학 교양 강의를 진행하기도 한다. 산후 우울을 겪는 산모, 직장과 가정을 양립하느라 힘들어하는 회사원, 팍팍한 세상살이에 적응하는 사회 초년생, 그 밖에도 마음을 다스리고 관리하는 심리적 기술을 배우고 싶은 사람들 등등…. 이처럼 일반인 참여자들은 저마다 다양한 배경을 지니고 있다. 그래서인지 학생 대상 강의와 달리 예상치 못한 질문들이 쏟아져 나오곤 한다. 나름 만반의 준비를 하긴 하지만, 워낙 질문이 다양하다 보니 곧잘 버벅거리거나 헤매기도 하고 때론 엉뚱한 답변을 내놓기도 한다.

그나마 강의 횟수가 여러 번인 프로그램은 사정이 낫다. 다음번에 더 자세하게 말씀드리겠나며 위기를 넘길 수도 있고, 만약 잘못 대답했더라도 다음 시간에 정정할 기회가 있기 때문이다. 그런데 일회성 강의는 그마저도 불가능하다. 이런 날 실수를 하고 나면, 집으로 돌아가는 길은 후회와 자책의 시간이 된다. 집에 돌아가는 길 내내 스스로 비난하고 혼을 내는 것이다. '아, 도대체 왜 그런 대답을 한 거야?', '시간 계산을 잘못했어. 후반부는 거의 날림이었잖아!', '시간이 부족해도 질문엔 차분하게 대답했어야지, 질문자가 도대체 어떻게 생각했겠어?'라면서 말이다.

그나마 나 혼자만 이러는 게 아니라는 사실이 위안처럼 느껴진다. 시대의 지성이라고 불리는 고 이어령 교수조차도 인터뷰에서 강의 후 자주 후회한다고 말한 바 있다. 자신이 왜 그런 말을 했는지 이해가 되지 않아 자다가도 벌떡 일어난 적이 한두 번이 아니라는 것이다.

우리는 이렇게 실수를 저질렀을 때 스스로를 책망하고 비난하곤 한다. 그러는 게 당연하다는 듯 말이다. 설거지를 하다가 그릇을 깼을 때, 발을 헛딛고 넘어졌을 때, 공과금을 내는 시기를 놓쳤을 때, 마감을 지키지 못했을 때, 지각을 했을 때 등등…. 사소한 실수든 큰 실수든 가리지 않고, 마치 실수 감지 자동 비난 모드가 실행되듯 말이다.

우린 왜 유독 자신에게 이렇게 가혹한 걸까? 아마도 자신에 대한 기준치가 매우 높기 때문일 것이다. 절대 실수하면 안 되고, 반드시 성공해야 하고, 남들에게 빈틈을 보여서는 안 되고, 모든 게 완벽해야 한다는 엄격한 잣대로 자신을 재단하는 것이다. 누구나 이런 기준을 가지고 있다. 그리고 대부분 타인보다 자기 자신에게 더 엄격한 기준을 적용한다. 부쩍 인심이 삭막해진 요즘이라지만, 사람들은 이처럼 여전히 친절하다. 그렇지 않은가? 자신보다 타인에게 더 관용을 베푸니 말이다. 바람직한 일이다.

하지만 하나만 더 바라건대, 나는 여러분이 스스로에게도 친절했으면 좋겠다. 스스로 친절하게 대할 때 상대방을 친절하게 대할 수 있기 때문이다. 자신을 고통스럽게 만드는 사람이 상대방에게 친절하기란 무척 어렵다.

우리는 어릴 때부터 타인에게 친절해야 한다는 교육을 받으며 자랐다. 나를 먼저 챙기는 '이기적인 사람'보다 남을 먼저 챙기는 '이타적인 사람'이 훨씬 올바르고 착한 사람이라고 말이다. 우리는 자기 자신을 챙기기보다 오히려 채찍질하는 데 더 익숙하다. 그래서 자기 자신에게 친절해야 한다는 걸 알고 있어도, 실제로 어떻게 해야 하는지는 막막해할 뿐이다.

그런 우리를 위해 자기 자신에게 친절해질 수 있는 구체적인 방법을 몇 가지 소개한다.

첫 번째 방법은 나를 친구처럼 대해 보는 것이다. 가

장 친한 친구가 실수 때문에 자책하고 있을 때, 나라면 뭐라고 이야기해줄지 떠올려 보라. 또는 사랑하는 가족이 나와 같은 상황에 처했다면 어떻게 위로할 것인지 상상해보는 것도 좋다. 그렇게 다른 사람의 관점에서 생각해 보면 어떤 말을 해주는 게 도움이 될지 답이 나온다. 그러면 그 위로를 바로 자신에게 들려주자.

예를 들어, 나라면 강의에서 제대로 답변을 못한 자신을 달달 볶는 대신 이렇게 말해줄 것이다. "마지막 질문에는 조금 버벅였지만, 나머지 질문에는 충분히 잘 대답했잖아. 그 정도도 훌륭해", "질문했던 그분도 네가 하고자 하는 말이 어떤 의미인지 이해하셨을 거야", "내 강의로 인해 삶에 도움을 받은 사람이 한 명이라도 있다면 그걸로 보람을 느껴도 돼" 하고 말이다. 어떤가? 친구에게 이런 말을 들으면 힘이 절로 나지 않겠는가? 이처럼 자신에게 자책이나 비난의 말 대신 반성과 성장의 말을 해 주면 실수의 경험이 실패가 아니라 오히려 고맙고 값진 일이었다는 걸 알게 된다.

두 번째 방법은 '일곱 가지 친절 베풀기'다. 불교 경전 중 하나인 《잡보장경》은 부처님이 알려주는 남에게 베푸는 일곱 가지 친절을 소개하고 있다. 이들 친절은 재산이 없더라도 남에게 베풀 수 있는 일곱 가지 보시를 일컫는 것으로, 이를 무재칠시無財七施라고도 한다.

첫째는 화안시和顏施로 얼굴에 화색을 띠고 부드럽고 정다운 얼굴로 남을 대하는 것이다. 둘째는 언시言施로 사랑, 칭찬, 위로, 격려 등 따스하고 부드러운 말을 건네는 것을 말하며, 셋째 심시心施는 마음의 문을 열고 따뜻한 마음을 베푸는 것을 말한다. 넷째 안시眼施는 호의를 담은 눈으로 사람을 보는 것을 말하고, 다섯째 신시身施는 남의 짐을 들어주거나 일을 도와주는 등 몸으로 베푸는 친절을 말한다. 여섯째는 좌시座施로 때와 장소에 맞게 자리를 내주는 양보를 뜻하며, 일곱째는 찰시察施로 굳이 캐묻지 않고도 상대의 마음을 헤아려 선뜻 도와주는 것을 말한다.

이러한 일곱 가지 친절은 가진 것 없이도 누구나, 언제나 베풀 수 있는 친절이다. 이를 남에게 베푸는 것도 좋지만, 방향을 바꾸어 나에게 먼저 실천해보는 것도 추천한다. 일주일 동안 매일 한 가지 친절을 스스로 베풀어보는 것이다.

첫째 날은 화안시를 베풀어 보자. 거울을 볼 때 외모나 상처에 불만을 품고 쳐다보는 대신, 좋아하는 사람을 대하듯 환하고 정다운 얼굴로 자신을 바라보자. 둘째 날은 스스로 비하하거나, 책망하거나, 불평불만을 늘어놓는 대신 사랑한다는 말, 격려하는 말, 칭찬하는 말, 친절한 말을 해주며 언시를 베풀자. 셋째 날에는 마음의 문을 열고 스스로의 부족함을 인정하고 받아주는 심시를 베풀고, 넷째 날에는 따뜻한 시선으로 자신의 일거수일투족을 바라보며 안시를 베풀자.

이어서 다섯째 날은 힘든 일을 억지로 하는 대신 잠시 내려놓고 쉬어 주며 신시를 베풀고, 여섯째 날은 타인에게 양보했던 편안한 자리를 자신에게 제공하며 좌시를 베풀자. 그리고 마지막 일곱째 날은 자신에게 필요한 것이 무엇인지 살펴 찰시를 베풀자. 나를 위해 정성 가득한 요리를 해주거나, 굳은 몸을 위해 가볍게 운동하는 등 일상에 매몰되어 돌보지 못한 자신을 살피고 필요한 것을 해주는 것이다.

타인에게 베푼 친절은 결국 나에게 돌아온다고 한다. 그렇다면 나에게 베푼 친절은 어디로 갈까? 놀랍게도 타인에게 돌아간다. 찻잔에 찻물이 가득 차면 자연스레 넘치듯, 스스로를 향한 친절한 마음이 가득 차면 자연스레 주변에도 친절을 베풀게 된다. 내 마음이 지옥에 빠진 것처럼 고통스러운데, 의무감에 타인에게 친절을 베풀기만 한다면 그야말로 감정 노동이 아니겠는가? 가는 말이 곱기 위해서는 먼저 나를 대하는 말부터 고와야 한다. 그러면 자연스레 가는 말이 고와지고, 돌아오는 말도 고와진다. 이처럼 자신에게 친절하고 상냥하게 대해주는 것은 나에게도 이익이고 상대방에게도 이익이다. 우리는 타인을 위해서라도, 자신에게 조금 더 부드러워질 필요가 있다.

하기 싫은 일부터 먼저 해라

숙제를 미루면서 놀기만 좋아하는 아이가 있었다. 엄마가 아무리 숙제부터 하고 놀라고 타일러도, 아이는 말을 듣지 않고 떼를 썼다. 아이의 고집에 난감해하던 엄마는 문득 좋은 생각을 떠올렸다. 숙제부터 해놓은 다음 놀아야 하는 이유를, 입으로만 다그치는 대신 눈으로 직접 보여주기로 한 것이다.

어느날 엄마는 아이 앞에 투명한 유리병, 모래 한 컵, 자갈 여러 개를 가져다 놓고선 내기를 걸었다. 만약 아이가 눈앞의 자갈과 모래를 한 알도 빠짐없이 모두 유리병에 담을 수 있다면, 숙제는 신경 쓰지 않고 마음껏 놀아도 된다는 내기였다. 다만 실패한다면, 놀기 전에 숙제부터 하기로 약속하면서 말이다.

아이는 신이 나서 이것저것 잡히는 대로 유리병에 집어넣기 시작했다. 유리병은 금세 가득 찼지만, 자갈이 아직 몇 알 남아있었다. 아이는 남은 자갈을 빈곳에 이리저리 끼워넣으려 했으나, 틈이 너무 비좁아 실패하고 말았다. 아이는 금방이라도 울 것처럼 울먹거리기 시작했다.

엄마는 울상이 된 아이에게 자갈과 모래를 남기지 않고 담는 법을 알려 주었다. 유리병을 말끔히 비운 후, 엄마는 아이에게 알이 큰 자갈부터 유리병에 담게 했다. 곧 자갈은 병 입구까지 차올랐지만, 듬성듬성하게 쌓인 자갈 사이에는 아직 빈곳이 많이 남아 있었다. 엄마는 아이에게 이제 모래를 담아 보라고 말했다. 아이가 병 입구로 모래를 조금씩 흘려 넣자, 알이 작은 모래가 자갈 사이로 흘러들어 빈틈을 채우기 시작했다. 얼마 지나지 않아 병이 가득 찼다. 모래는 한 알도 남아 있지 않았다. 신기해하는 아이에게 엄마는 말했다.

"자갈은 크기가 크지? 이건 숙제처럼 중요한 일이야. 반면 모래는 TV 보기나 놀이터 가기처럼 자잘한 일들이지. 빈 유리병에 모래를 먼저 담으면 자갈을 담을 수 없는 것처럼, 하루를 자잘한 일부터 채우면 정작 중요한 일을 놓치게 돼. 반대로 하루를 중요한 일부터 채우면 나중에 자잘한 일까지 전부 채울 수 있어. 그래서 엄마가 숙제부터 하고 놀라는 거야."

이처럼 한정된 24시간에 중요한 일 대신 자잘한 일부터 채워 넣는다면, 정작 중요한 일은 제대로 처리하지 못하고 남겨둔 채 하루를 마치게 된다. 이런 하루는 정신없이 바쁘기만 할 뿐, 알맹이는 없이 헛되고 피곤한 하루로 남는다.

반면 정말 중요한 일부터 먼저 처리하다 보면 자연스레 알차고 풍성한 하루를 보낼 수 있다. 이런 하루를 마치는 저녁이면 흐뭇한 만족감으로 마음이 가득 찬다. 이 만족감이 바로 자존감의 원천이다. 하루가 모여 한 달이 되고, 한 달이 모여 일 년이 되고, 일 년이 모여 인생이 되지 않던가? 그러니 하루하루를 만족스럽게 보내다 보면 인생을 만족스럽게 보낼 수 있다는 말도 과언이 아니다.

하루 일과 중 중요한 일부터 처리해야 하는 또 다른 이유도 있다. 바로 우리의 집중력은 한정된 자원이기 때문이다.

나는 평소 새벽 4시 반에서 5시 사이에 일어나 책이나 논문의 원고를 쓴다. 이를 위해 보통은 일어나자마자 물을 한잔 마시고 커피를 끓여 서재로 간다. 그런데 가끔 커피를 끓이는 동안 주변에 정신이 팔려 싱크대에 쌓인 그릇을 정리한다거나, 마음먹고 어질러진 책상을 정리할 때가 있다. 마치 시험공부를 하려고 책상에 앉았다가 괜히 방 정리를 시작하듯 말이다.

그런데 이렇게 딴짓에 시간을 쏟고 나면, 그날은 꼭

집중력이 쉽게 무너진다. 한 문단도 채 채우지 못하고 스마트폰을 들여다보거나, 메일을 정리하거나, 포털사이트 뉴스란의 잡다하고 영양가 없는 기사에 정신이 팔리기 십상이다.

이런 현상이 일어나는 이유는 우리 집중력에 한계가 있기 때문이다. 한 사람이 사용할 수 있는 집중력의 일일 총량은 정해져 있다. 이를 중요한 일을 처리하는 데 쓰지 않고 딴짓하는 데 써먹기 시작하면, 정작 중요한 일을 시작할 때쯤엔 뇌가 이미 지치게 된다. 마치 서울부터 분당까지 갈 만큼의 연료밖에 없는데, 인천도 들르고 수원도 들르다 보면 분당에 도착할 수 없듯이 말이다. 심지어 집중력은 돈을 준다고 해서 채울 수 있는 것도 아니다.

뛰어난 마라톤 선수일수록 달릴 때 불필요한 동작을 하지 않는다고 한다. 체력의 낭비를 최소한으로 줄일 수 있도록, 달리는 데 꼭 필요한 최소 동작에만 집중하기 때문이다. 그래야 끝까지 페이스를 잃지 않고 최적의 컨디션으로 목표 지점에 도달할 수 있다고 한다.

반면 장거리 달리기에 익숙하지 않은 초보자일수록 군더더기 동작이 많다. 이러다 보면 달리는 데 불필요한 동작에까지 체력을 쓰기 때문에, 완주하기도 힘들고 성적도 좋지 않다. 그래서 어떤 코치들은 '선수 관리란 더하는 것보다 빼는 게 일'이라고 말하기도 한다.

이처럼 하루의 에너지를 효율적으로 사용하기 위해서는, 오늘 할 일들을 중요한 순서대로 나열해 보는 게 좋다. 그중 가장 중요한 일부터 하나하나 처리하다 보면, 일과가 마무리될 쯤에는 비교적 덜 중요한 일들만 남게 된다. 이런 일은 부담도 적어서 쉽게 해치울 수 있다. 그러면 자연스레 마음 놓고 즐길 수 있는 자유시간도 늘어나는 것이다.

미국의 작가 마크 트웨인Mark Twain은 이런 명언을 남겼다. "아침에 눈을 뜨면 개구리부터 먹어라!" 당장이라도 구역질이 치밀 것 같은 이 말에 숨은 뜻은 다음과 같다. 개구리를 먹는 건 정말이지 고생스러운 일이다. 하지만 피할 수 없이 개구리를 먹어야만 한다면, 최대한 빨리 해치우는 게 낫다. 그러면 남은 하루 동안은 마음 편히 지낼 수 있을 테니 말이다.

만약 개구리를 일과의 마지막에 먹어야 한다면 어떤 기분일까? 매정하게 돌아가는 시곗바늘을 원망하며, 일이 손에 잡히지도 않는 심란한 마음으로 한숨만 푹푹 내쉬다 하루가 끝나지 않을까? 그에 비한다면 개구리를 먼저 먹는 전략은 제법 괜찮은 전략이라 할 수 있다. 그러니 가벼운 마음으로 자유를 만끽하고 싶다면, 중요한 일부터 시작해 보자. 아낀 시간과 에너지를 나에게 돌려줄 수 있도록 말이다.

매뉴얼을 만들면 인생이 편해진다

휴가를 맞아 남편과 함께 제주도 여행을 갔을 때의 일이다. 우리가 4박 5일간 묵었던 호텔은 이름난 고급 호텔까진 아니었지만, 바다가 보여 전망이 좋았고 시설도 좋은 편이었다. 합리적인 가격에 만족스러운 경험을 할 수 있어, 이 호텔을 고르길 잘했다고 생각하던 참이었다. 체크아웃을 하기 전까지는 말이다.

흔히 여행은 숙소의 열쇠를 받으면서부터 시작되어, 열쇠를 반납하며 끝난다고들 한다. 그만큼 숙소의 첫인

상과 마지막 인상이 어떠했는지에 따라 여행 전체의 인상도 바뀌기 마련이다. 우리가 머물렀던 호텔은 시작은 더할 나위 없었지만 마무리가 아쉬웠다. 열쇠를 반납하며 다소 부정적인 인상을 받았기 때문이다.

보통 체크아웃을 할 때는 가벼운 인사와 함께 열쇠를 반납하고, 추가 비용 처리 등 간단한 확인 절차를 거친다. 그런데 그곳의 직원들은 내가 프런트로 다가가도 서로 수다를 떨 뿐 내게 신경을 쓰지 않았다. 내가 "실례합니다, 체크아웃하려고요" 하고 먼저 말을 건넸지만 내 쪽을 보지도 않은 채 "놓고 가세요" 하고는 이야기를 이어갈 뿐이었다. 대단한 요구를 한 것도 아니고, 기본적인 절차를 밟고자 했을 뿐인데 무시당한 기분이 들어 처음엔 당황했다가 이내 불쾌해졌다.

차에서 기다리던 남편에게 방금 있었던 일을 이야기하며 물었다. "시설은 고급 호텔과 비교해도 크게 뒤지지 않는데, 직원들의 태도에는 왜 이렇게 차이가 날까?" 그러자 남편은 잠시 생각하더니 "매뉴얼이 있고 없고의 차이가 아닐까?"라는 대답을 내놓았다. 겉모습은 고급 호텔과 유사하나, 내부 시스템이 명확하게 정비되지 않아 사소한 곳에서 허점이 생긴다는 것이었다. 납득이 가는 설명이었다.

한때 〈골목식당〉이라는 TV 프로그램이 사람들에게 인기를 끌었다. 유명한 요리사이자 사업가인 백종원 씨가, 장사가 잘 안되는 식당을 찾아가서 문제를 점검하고 해결법을 제시하는 프로그램이었다. 이때 백종원 씨는 식당에 들어가면 가장 먼저 주방으로 직행했다. 그리곤 냉장고와 조리기구의 위생 상태를 살펴보고, 비효율적인 동선을 정리하고, 불필요한 메뉴를 과감히 삭제했다. 그리고 그릇마다 동일한 맛이 날 수 있도록 레시피를 체계화하는 법, 바빠서 신경 쓰기 어려울 때 손님을 응대하는 법까지 세심하게 가르쳐 주었다.

그가 알려주는 대로 성실하게 따랐던 식당은 머지않아 사람들이 북적거리는 맛집으로 소문이 나기 시작했다. 하지만 이와 달리 처음 며칠만 성실히 따라 하다가 다시 원래의 주먹구구식 습관대로 돌아간 식당은

파리만 날리는 신세를 면치 못했다.

백종원 씨가 식당 주인들에게 알려준 것이 바로 '체계적인 매뉴얼을 세우는 법'이었다. 오랫동안 요식업계에서 산전수전을 겪으며 터득한 경험을 토대로, 어떻게 하면 오르락내리락하는 기복 없이 음식의 맛과 손님들의 만족도를 높일 수 있는지 알려준 것이다. 이 프로그램을 시청하며, 아무리 음식 솜씨가 좋은 사장이라도 결국 철저한 운영 체계를 잡지 않으면 무너지기 마련이라는 사실을 알게 되었다.

체계적인 시스템의 중요성은 비단 호텔이나 식당 같은 사업장에 그치지 않는다. 우리 삶에서도 중심을 세우고 평온과 안정을 유지하기 위해서는 인생의 매뉴얼이 필수적이다. 그리고 우리에겐 그러한 매뉴얼을 직접 세울 책임이 있다. 왜냐하면 내 인생의 사장님은 바로 나이기 때문이다. 여러분의 인생에는 체계적인 시스템이 있는가? 있다면 어떤 시스템을 갖추고 있으며, 이를 어떻게 매뉴얼화하여 관리하고 있는가?

이 질문에 자신 있게 대답하기 어려웠다면, 그동안의 삶을 잠시 돌아보기를 권한다. 혹시 평소 확신을 갖고 자신의 선택을 밀고 나가는 대신, '이렇게 해도 되나?', '다들 이렇게 사는 건가?'라고 생각하며 남의 눈치를 보느라 급급하진 않았는가? 과연 그런 선택의 결과는 만족스러웠는가?

만약 내 인생이라는 사업을 운영하기가 힘들기만 하고 영 만족스럽지 않다면, 철저한 시스템 관리 없이 운영되고 있어서일 가능성이 크다. 그렇다면 인생을 잘 꾸려나가는 데 필요한 시스템을 세우려면 어떻게 해야 할까?

이를 위해선 '목표, 시스템, 매뉴얼'의 3박자를 잘 갖추어야 한다. 다이어트를 예로 들어 설명해 보겠다. 만약 내가 체중 10kg을 감량하고자 한다면, 이는 '목표'다. 그리고 이러한 목표를 이루기 위해 '꾸준히 운동하기'라는 계획을 세운다면, 이는 '시스템'이다. 그리고 이 계획을 실천하기 위해 '엘리베이터보다 계단 이용하기',

'퇴근 후 맨몸 운동 30분 하기', '가까운 거리는 걸어 다니기'라는 구체적인 행동 전략을 세운다면, 이것이 '매뉴얼'이다.

하나의 목표는 여러 개의 시스템으로 나누어질 수 있고, 각각의 시스템 또한 여러 개의 매뉴얼로 세분화될 수 있다. 10kg를 감량하겠다는 목표를 위해 '식습관 개선하기'라는 시스템과 '꾸준히 운동하기'라는 시스템을 함께 세울 수 있는 것처럼 말이다. 그리고 이런 시스템은 서로 시너지를 낼 수 있도록 계획하는 것이 좋다.

이렇게 하나의 목표를 향한 체계적인 실천 전략을 세우다 보면, 결국 인생이라는 것 또한 여러 개의 목표로 나누어질 수 있다는 깨달음을 얻게 된다. 예를 들어, '체중 10kg 감량'이라는 목표 또한 궁극적으로는 '건강한 인생'을 위한 세부 목표인 것이다.

이처럼 매뉴얼을 모아 시스템을, 시스템을 모아 목표를, 목표를 모아 인생을 관리하다 보면, 내 인생 전체를 더욱 넓은 관점에서 바라볼 수 있다. 이렇게 장기적인 관점에서 인생을 바라보며, 생활에 중심을 잡고 더욱 좋은 방향으로 이끄는 것이 '인생 매뉴얼'의 궁극적인 도달점이다.

식당에 방문하든, 회사에 취업하든, 체계가 잡히지 않은 곳에 가면 경험의 질도 떨어진다. 그때그때 주먹구구식으로 운영하는 곳에선 일관적인 경험을 기대할 수 없고, 그 결과 신뢰감도 떨어지기 때문이다. 반면 체계가 잘 잡힌 곳에 가면 경험의 질도 높아진다. 언제나 편안하고 안정적인 경험을 기대할 수 있기 때문이다. 사람도 마찬가지다. 겉은 번지르르하지만 삶에 체계가 없는 사람은 멀쩡해 보여도 금세 허점이 드러난다. 반면 자기 인생을 진지하게 운영하는 사람은, 겉모습이 화려하지 않아도 내면에서부터 풍기는 아우라가 느껴진다. 삶을 대하는 태도가 다르기 때문이다.

여러분은 두 유형 중 어떤 사람이 되고 싶은가? 겉만 멀쩡한 사람인가, 혹은 내면부터 단단한 사람인가? 당연히 후자일 것이다. 튼튼한 탑을 쌓기 위해선 체계적인 설계도에 따라 벽돌을 차곡차곡 쌓아 나가야 하듯, 내면부터 단단한 사람이 되기 위해선 인생의 매뉴얼을 따라 사소한 습관부터 차곡차곡 쌓아 나가야 한다. 이것이 바로 내 삶을 책임지는 가장 훌륭한 태도일 뿐만 아니라, 스스로를 존중하고 소중히 대하는 가장 손쉬운 방법이라는 사실을 기억하자.

5장

버려야 할 것들로 삶을 채우지 마라

행복하게만 살기에도
인생은 짧다

〈인 타임〉이란 영화 속에서는 모든 사람이 팔에 생체시계를 차고 있다. 길거리의 행인들은 모두 바쁘게 걸어가며 이 시계를 힐끔힐끔 쳐다본다. 어떤 사람은 시계를 보며 여유롭게 미소 짓지만, 어떤 사람은 절규한다. 그도 그럴 것이, 이들의 시계는 물리적 시간을 알려주는 시계가 아니라 자신에게 남아있는 생존 시간을 알려주는 시계이기 때문이다. 남은 시간이 '0'이 되는 순간 등장인물들은 심장 마비로 죽는다. 상상해 보라.

자신의 수명이 시시각각 줄어드는 모습을 눈 뜨고 지켜봐야 하는 세상을.

영화의 분위기는 시종일관 비관적이다. 현실에서의 죽음은 그나마 빈부격차나 지위의 고하를 막론하고 모두에게 공평하지만, 이 영화 속에서는 죽음마저 빈부격차나 지위의 고하와 밀접하게 연결되어있다. 왜냐하면 재산으로 시간을 살 수 있기 때문이다. 가난한 사람은 삶을 연장하기 위해 밤낮없이 미친 듯이 일을 해야 하고, 그렇게 아등바등 살다 죽음을 맞이한다. 반면 재산이 많은 사람은 몇백 년도 살 수 있다. 질리지만 않는다면 영생도 가능하다. 마치 뱀파이어처럼 말이다.

영화를 보고 난 후, 나는 도리어 그런 시계가 있다면 하나 갖고 싶다는 생각이 들었다. 나에게 남은 시간이 몇 시간 몇 초인지 알 수 있다면, 적어도 몇 년 남았는지만이라도 알 수 있다면 하루하루 매 순간 내리는 선택이 지금보다는 훨씬 현명할 거라는 생각에서 말이다.

우리는 누구나 태어나자마자 죽음을 향해 달려간다. 마치 손꼽아 기다리는 디데이처럼 말이다. 하지만 우리는 이런 사실을 쉽게 인정하기 힘들어하고, 나아가 이런 생각을 하면 안 된다고 생각하는 경향이 있다. 왜냐하면 죽음에 관한 말이나 생각을 할수록 죽음이 더 앞당겨질 거라는 근거 없는 믿음이 마음 저변에 깔려 있기 때문이다.

오래전에 읽었던 책 내용 중 아직도 마음에 남는 구절이 있다. 그 책의 저자는 늘 자신이 언젠가 죽을 것이라는 사실을 떠올리면서 물건을 정리하고 관리한다고 했다. 혹시라도 자신이 갑자기 세상을 떠나게 되면 남겨질 가족이 덜 힘들도록 물건의 가짓수를 정리하고, 저축한 은행 통장과 보험 관련 증서들을 한 곳에 잘 정리해 둔다는 것이다. 가족들이 남은 재산을 쉽게 파악할 수 있게 말이다. 나는 그 저자의 생각과 삶의 태도가 참 멋지다고 생각했다. 자신을 위해서가 아닌 남겨질 가족들을 위해 물건과 주변을 미리 정리해 둘 정도의 마음가짐이라면, 살아 있는 모습 또한 얼마나 알차고 가지런할까? 이런 태도를 가지고 살아가는 하루하루는, 허투루 보낸 하루와는 비교할 수 없을 정도로 충만할 것이다.

박사 과정 때 지도교수님이 논문 집필을 차일피일 미루고 있는 박사 수료생들에게 영상을 하나 보내준 적이 있다. 바로 팀 어반Tim Urban의 TED 강의 영상이었다. 영상 제목은 〈할 일을 미루는 사람의 속내Inside the mind of a master procrastinator〉였는데 그 영상을 보고 나 또한 '헉'하고 마음 한구석이 찔렸던 기억이 있다.

특히 나는 그 영상 마지막에 소개된 '인생 달력'에 큰 충격을 받았다. '인생 달력'은 우리가 평생 겪는 일요일의 수를 나타낸 그림이다. 일 년이 52주로 이루어져 있으니, 80년을 산다고 가정하면 약 4,160번의 일요일을 맞을 수 있다. 이 계산에 따르면 30살이 된 사람은 벌써 1,560번의 일요일을 떠나보냈고, 40살이 된 사람은 벌써 2,080번의 일요일을 떠나보냈으며, 50살이 된 사람은 어느덧 2,600번이나 되는 일요일을 떠나보낸 셈이다. 어떤가? 생각보다 남은 시간이 적다고 느껴지지 않는가? 정답이다. 내 곁의 소중한 사람들과 함께할 수 있는 시간은 그만큼 짧다. 특히 부모님과 보낼 수 있는 시간은 그보다 훨씬 적을 것이다. 이 사실을 떠올리면 지금까지도 울컥하며 목이 멘다.

어반의 강의에선 인생 달력의 기준을 일주일로 잡았지만, 얼마든지 다른 기준을 세울 수 있다. 월 단위의 짧은 기준을 세워도 되고, 가끔가다 치러지는 큰 이벤트를 기준으로 삼아도 된다. 예를 들면 생전 경험할 수 있는 월드컵, 올림픽, 대통령 선거 등이 얼마나 남았는지 말이다. 내 경우를 예로 들면, 앞으로 올림픽을 경험할 횟수는 약 8번 남았고, 대통령 선거는 약 6번 정도 남았다. 이렇게 구체적인 횟수를 세어 보면 그간 무심코 넘어갔던 월드컵이나 올림픽이 새삼 다르게 느껴진다. 앞으로 적극적으로 응원하고 즐겨야겠다면서 말이다. 나는 특히 소중한 사람들과 보낼 수 있는 크리스마스가 얼마나 남았는지 세어 보다가 가슴이 뭉클해졌다. 계산 결과 남편과 크리스마스를 보낼 수 있는 횟수는 길어야 30번 정도, 부모님과 함께 크리스마스를 보낼 수 있는 횟수는 8번 정도에 불과했기 때문이다.

이렇게 구체적으로 숫자를 헤아리면 내게 남은 시간이 생각보다 길지 않다는 걸 깨닫게 된다. 이러한 깨달음과 함께 맞는 크리스마스는 평소와 달리 한 번 한 번이 소중하게 느껴진다. 으레 찾아왔다 물러가는 크리스마스가 아니라, 가슴 깊이 사랑과 감사를 나누는 크리스마스로 말이다.

이렇듯 나 혹은 나의 소중한 사람들이 언제든 곁을 떠날 수 있다는 사실을 있는 그대로 받아들여 보자. 이런 마음가짐은 그들의 존재를 당연한 것이 아니라 소중하고 감사한 존재로 느끼게 해준다. 그리고 그들과 함께하는 시간이 그 무엇과도 바꿀 수 없는 가치 있는 것임을 일깨워 준다. 죽음을 생각한다고 해서 자신이나 상대방의 죽음을 더 빨리 앞당기는 것이 아니라, 오히려 죽음을 생각함으로써 살아서 함께하는 지금 이 순간에 더 집중할 수 있게 해주는 것이다.

인생 달력은 우리의 수명을 80세로 가정하고 있지만, 우리 모두는 잘 알고 있다. 누구든 그보다 더 빨리 떠날 수 있다는 사실을 말이다. 그러니 우리가 경험하고 있는 모든 것이 영원할 것이라 생각하지 말자.

책《아침에는 죽음을 생각하는 것이 좋다》에서 김영민 교수는 이렇게 말한다.

> "그리하여 나는 어려운 시절이 오면, 어느 한적한 곳에 가서 문을 닫아걸고 죽음에 대해 생각하곤 했다. 그렇게 하루를 보내고 나면, 불안하던 삶이 오히려 견고해지는 것을 느꼈다. 지금도 삶의 기반이 되어주는 것은 바로 그 감각이다."

이는 의심의 여지 없는 진실이다. 시간이 많다는 착각이 오히려 우리를 안이하게 만든다. 반대로 나의 유한함, 그리고 내 곁에 있는 사람들의 유한함을 잊지 않고 되새기다 보면, 오히려 현재를 더 알차고 단단하게 살아갈 수 있다.

잊지 말자. 우리는 언젠가 모두 죽는다. 나도, 당신도, 그리고 우리의 소중한 사람들도. 지나고 나서 후회하는 것만큼 바보 같은 일도 없다.

채우고 싶다면
먼저 버려야 한다

열대몬순기후를 띠는 캄보디아의 우기는 강수량이 엄청나다. 그래서 해안가에 사는 주민들은 우기가 지나갈 때까지 6개월가량 뗏목 위에서 생활해야 한다. 육지와 달리 뗏목의 공간은 무척 한정되어 있기에 정말 생존에 필요한 최소한의 물건만 실을 수 있다. 그래서 우기가 그치고 육지 생활을 하더라도 사람들은 물건을 사서 쌓아 두지 않는다. 어차피 6개월 후에는 필요 없는 물건이 되어 물속에 잠길 것이기 때문이다.

만약 우리도 이처럼 6개월마다 한 번씩 무조건 이사해야 하는 상황이라면 어떨까? 지금 내 주변에 쌓여 있는 수많은 물건 중 정말 필요한 물건만 추린다면 과연 몇 개나 남을까?

문득 내게 일어났던 비슷한 경험이 생각난다. 몇 해 전, 남편이 갑자기 대구로 발령받아 각살림을 낸 적이 있다. 때마침 나는 박사 논문 집필 막바지였던 데다 맡고 있는 강의도 있었던지라 이사는 엄두도 내지 못했고, 가끔 남편이 지내는 대구로 내려가 얼굴을 보고 살림을 돕는 게 고작이었다. 물론 대구에서도 논문 집필은 계속해야 했기에, 남편은 나를 위한 책상과 컴퓨터를 따로 구비해 주었다. 나 또한 그런 남편에게 고마워 혼자서도 밥을 차려 먹을 수 있도록 이런저런 반찬을 만들어 주었다.

그러다 보니 점점 대구 집의 살림살이가 늘어나기 시작했다. 대구에서 지내는 시간이 늘어나면서 내 옷과 책도 서서히 쌓여갔기 때문이다. 덕분에 서울 집에서도 대구 집에서도 나는 큰 불편함 없이 생활할 수 있었다.

그러다 결국 일이 터지고야 말았다. 회사에서 남편에게 사흘 내에 서울로 복귀하라는 통보를 내린 것이다. 당장 맡은 일을 마무리하고 후임자에게 인수인계할 시간도 부족한 상황인데 거기에다 이사까지 남편 혼자 감당해야 하는 상황이었다. 하필 나 또한 당장 이틀 뒤에 논문 심사가 있어 여유 없이 바쁜 상황이었고, 심사 준비 때문에 며칠째 잠을 못 자고 논문에만 매달려 있는 상태였다. 그런 상황에서 남편에게 전화가 왔다. 내려와서 이사하는 걸 도와줄 수 없겠냐며 혼자서는 도저히 무리라며 애원했다. 하지만 나 또한 너무나 절박한 상황이라 도저히 내려갈 여력이 되지 않았다. 이사 업체에 맡겨야 할 만큼 짐이 그렇게 많은 편은 아니었던 데다, 내 짐 중 거의 절반은 이사하며 버릴 생각으로 가지고 내려간 것들이었다. 버릴 것인지 가져가야 할 것인지를 내가 구분해 주어야 하는데 그걸 못 해주니, 필요 없는 짐 처리까지 하느라 남편에게는 고생도 보통 고생이 아니었을 거다.

결국 혼자 이삿짐을 정리하던 남편은 밤늦은 시간 내게 전화를 걸어 분통을 터트렸다. 자신의 짐보다 내 물건이 더 많아 힘들다며, 책은 왜 이리 많고 옷은 왜 이리 많으며 빈 반찬통은 언제 이렇게 쌓아 뒀냐며 아무리 버리고 버려도 끝이 없다고 울먹였다. 혼자 얼마나 힘들어할지 눈에 보여 가슴이 아팠다. 나중에 듣자하니 쓰레기를 내놓는 일로만 계단을 수십 번 오르락내리락했다고 한다. 아무튼 그렇게 어찌어찌 이사를 마치고 남편은 서울로 복귀했고, 나도 어찌어찌 발표를 무사히 마치고 최종 심사에 통과했다.

그 이후 남편은 물건에 대한 생각이 확 바뀌었다. 빈 유리병이나 플라스틱 통이 조금 쌓인다 싶으면 기겁을 하고 버린다. 예전에는 오래된 옷도 버리기 아까워 벌벌 떨었던 사람이, 지금은 안 입는 옷과 안 신는 신발도 철마다 과감히 정리한다. 쌓아 둔 물건을 일일이 내버려야 했던 경험이 그에게는 잊기 힘든 공포로 각인된 모양이다.

물론 나도 마찬가지다. 나 또한 1년이 채 안 된 짧은 시간에 그렇게 많은 책을 대구로 가져갔을 줄은 상상도 못 했다. 남편이 서울 집으로 옮겨다 놓은 내 책이 산더미처럼 쌓인 모습을 보고 기겁했을 정도다. 제비가 나뭇가시를 하나둘 물어다 견고한 둥지를 짓듯, 매주 기차를 타고 오가면서 책과 옷가지들을 대구 집에 모아 두었던 모양이다. 가져갈 때는 한두 권, 한두 벌이었겠지만 반복되다 보니 정말 태산처럼 쌓여 있었다. 역시 티끌 모아 태산이라는 말이 괜히 있는 게 아니었다. 돈이건 물건이건 티끌이 쌓여 태산을 이룬다는 말은 정말 진리다. 태산처럼 쌓인 물건이라니, 우리 부부는 이제 상상만 해도 숨이 막힌다. 물론 돈이면 얘기가 조금 다르겠지만 말이다. 아무튼, 이런 생생하고도 끔찍한 체험 덕분에 우리 부부는 물건을 사서 모으는 일에 흥미를 잃었다.

철새들이 쉽게 이동할 수 있는 이유는 모아 놓은 물건이 없기 때문이라고 한다. 모아 놓은 물건이 없으니 언제든 원할 때 쉽게 훨훨 떠날 수 있는 것이다. 얼마 전 일본에서 다시금 주목받았던 미니멀리즘 열풍도 2011년 동일본 대지진 이후 무분별하게 쌓아 둔 물건의 무용성과 위험성을 사람들이 체감했기 때문이라는 분석도 있다. 정말 일리가 있다고 생각한다.

집안을 의식적으로 관리하지 않으면 물건은 쥐도 새도 모르게 쌓인다. 마음을 의식적으로 관리하지 않으면 쓸데없거나 부정적인 생각들이 마음속에서 서서히 영역을 넓히듯이 말이다.

만약 이 글을 읽고 정리의 필요성을 실감했지만 구체적으로 어떻게 해야 할지 막막하다면 이런 질문을 던져 보라. 당신이 지금 당장 꼭 필요한 짐만 뗏목에 옮겨 실어야 한다면, 과연 무엇을 실을 것인가? 혹은 집에 불이 나서 당장 뛰쳐나가야 한다면, 양손에 무엇을 들고 나갈 것인가?

이 질문을 듣고 곧바로 떠오르는 물건이 아니라면, 그만큼 당신에게 덜 중요하다는 뜻이다. 그런 물건이라면 언제나 작별할 수 있도록 정리해 두자. 물론 당장 버려도 좋다. 단 한 달이라도 주머니가 가벼운 삶을 살아 보면, 당신도 필요 없는 물건을 쌓아 두고는 못 배기는 사람이 될 것이다.

인생을 정리하고 싶다면 방부터 정리해라

폴 고갱Paul Gauguin의 그림 중에 〈우리는 어디에서 왔으며, 우리는 무엇이고, 우리는 어디로 가는가〉라는 제목의 그림이 있다. 타히티의 생활을 그린 고갱의 작품에는 아름다운 작품이 많지만, 이 작품은 그중에서도 특히나 눈여겨볼 만하다.

그중에서도 눈길을 끄는 부분은 기다란 제목이다. 말년에 겪은 여러 시련을 그림을 통해 승화해낸 과정이 제목에 담겨서일까, 나라는 존재의 근원은 무엇인지 깊이 숙고하게 만드는 힘이 있다.

그런데 이 제목에 '우리' 대신 '물건'을 대입시켜 보면 어떨까? 우리를 둘러싼 이 수많은 물건은 도대체 어디에서 왔으며, 어떤 물건이고, 이 물건들은 어디로 가게 되는 것일까? 원래 제목이 그랬듯, 이 물음 또한 사물의 근원에 관해 묻게 하는 힘이 있다. 언제부터인가 나도 모르는 사이에 내 곁에 슬그머니 들어와서 내 공간을 떡 하니 차지하고 있는 이 수많은 물건은, 대체 언제 어떻게 어떤 사연으로 내게로 왔으며 내 옆에 자리를 잡고 함께 생활하게 된 걸까?

어느 날 거실에서 명상을 하다가 눈을 떴다. 눈에 들어온 바깥 풍경을 가만히 바라보다가, 내가 앉아 있는 실내로 시선을 옮겼다. 남의 집 살림 보듯 무심하게 집안을 둘러보다 문득 깨달았다. 이 방 안에 있는 모든 것 중 어느 하나 나의 선택이 닿지 않은 물건이 없다는 사실을 말이다. 심지어 그 모든 물건을 담고 있는 집까지도 말이다. 크든 작든, 싫든 좋든, 자의로 샀든 타의로 받았든 모두 나의 선택에 의해 한집에서 함께 살고 있다는 사실을 새삼 깨닫게 된 것이다.

내가 필요로 하거나 갖고 싶어서 산 물건뿐만 아니라, 남이 줘서 공짜로 받아 온 물건들, 심지어 받고 싶지 않은데 거절하지 못하고 받아들인 물건들 또한 내 집에 둔 것은 나의 선택이다. 즉 의식적이든 무의식적이든 모두 나의 허락이 떨어졌기에 이 물건들은 지금 내 곁에서 한 자리씩 차지한 것이다.

내가 곁에 두기로 선택한 것이 오직 물질뿐일까. 감정도 똑같을 것이다. 내 마음속 공간 안에도 온갖 잡다한 감정들이 채워져 있다. 그걸 채운 사람은 다름 아닌 나다. 더 나아가 내가 경험하고, 인식하고, 받아들이는 모든 것이 어쩌면 모두 내가 내렸던 선택의 결과일지도 모른다.

그렇다면 나에게 필요 없는 물건을 버릴 수 있듯이 나에게 필요 없는 감정도 버릴 수 있지 않을까. 대청소를 한답시고 집안만 뒤집어엎을 게 아니라 마음도 뒤집어엎어야 할는지도 모른다. 내가 보고 듣고 느끼는 모든 것들이 변화하기 위해선 말이다.

방금까지 명상을 한 덕분인지 생각이 명료해졌다. 결국 물건이든 마음이든 내 곁에 둘 것인지 버릴 것인지를 결정하는 주도권은 나에게 있다. 여기까지 생각이 미치자, 한 차례 대청소를 끝낸 듯 몸과 마음이 한결 가벼워졌다.

그동안 나는 내게 생긴 물건들을 아무런 자각 없이 방 안 여기저기에 되는대로 쌓아 두기만 했다. 마음도 똑같았다. 업무나 인간관계에서 오는 부담감, 의무감, 저항감, 두려움, 분노 같은 여러 감정을 내 마음 여기저기에 되는대로 쌓아 두기만 했다. 내가 받지 않으면 안 될 것 같아서 말이다.

하지만 지나고 보면 그렇지 않았다. 필요 없는 물건은 거절하거나 버리면 되는 것처럼, 내게 필요 없는 감정도 거절하거나 버릴 수 있었다. 그건 지금도 마찬가지다. 내 마음 구석구석을 채우고 있는 감정이 내게 필요한 것인지, 불필요한 것인지 취사선택하는 건 나 자신의 몫이다.

다만 이를 선택하기 위해서는 남길 것의 가치를 구

분할 수 있는 능력이 필요하다. 즉 자신만의 기준이 있어야 한다. 그게 없으면 물건을 버리지 못하고 계속 쌓아 둘 뿐이다. 마음도 마찬가지다. 지금 내게 중요한 것이 무엇인지, 자신이 바라는 지향점이 어디인지가 불명확하면 아무런 감정이나 받아들이게 된다. 그러면 일상도, 업무도, 인간관계도 제대로 꾸려 나갈 수 없다. 한쪽이 넘쳐흘러 다른 한쪽을 적시고 무너뜨리기 때문이다.

하루는 시아버지 제사를 위해 시어머니께서 우리 집에 오셨다. 어머님은 우리 집에 오면 근심 걱정이 사라지고, 마음도 편하고, 기분도 좋고, 잠도 잘 자는데 당신 집에만 가면 가슴이 답답하고, 현관을 들어서는 순간 걱정거리가 머릿속에서 떠나지 않으니 이상하다고 하셨다. 나는 그 이유를 알 것 같았다. 생전 깔끔한 성격으로 정리 정돈을 담당하시던 아버님과 달리, 어머님은 당신 물건을 손 닿는 곳에 두려 하셨다. 그러다 보니 차곡차곡 쌓여 있던 물건이 제자리를 뛰쳐나와 제멋대로 여행을 떠나기 일쑤였다. 매번 찾아뵐 때마다 여행을 떠나는 물건들이 점점 더 많아지는 것 같았다. 그만큼 사람이 다닐 공간은 줄어들었는데 말이다.

순전히 기분 탓이라고 생각하는가? 전혀 그렇지 않다. 사람은 너무 넓은 공간에서 두려움을 느끼기도 하지만, 너무 좁고 오밀조밀한 공간에서 스트레스를 받기도 한다. 미국의 동물행동학자 존 B. 칼훈John B. Calhoun이 쥐를 대상으로 진행한 연구에 따르면, 같은 크기의 공간일지라도 개체 간 밀도에 따라 쥐들의 반응은 달랐다. 개체 간 밀도가 낮은 공간의 쥐들은 건강도 좋고 서로 사이좋게 지냈지만, 밀도가 높은 공간의 쥐들은 그렇지 않았다. 자신의 영역이 줄어들수록 쥐들의 스트레스 수준은 높아졌고 서로 싸우는 횟수도 늘어났다. 심지어 면역력까지 떨어지면서 쉽게 병에 걸렸고, 결국 몇몇 쥐들은 죽기까지 했다. 이 실험을 우리가 사는 집과 그 안에 있는 물건에 적용해 보자. 문제는 집의 넓이가 아니다. 바로 물건의 양과 밀도다.

다시 한번 내 주변을 둘러싼 물건들을 둘러보자. 이 중 내가 기꺼이 선택한 것들은 얼마나 되고, 마지못해 떠맡은 것들은 얼마나 되는가? 자리만 차지할 뿐 실은 쓸모없는 물건들이 많다면, 당신이 선택할 용기를 제대로 발휘하지 못했다는 뜻이다. 선택을 내릴 용기가 있을 때, 우리는 상황을 통제하는 힘을 갖는다. 물건이든, 감정이든, 정말 필요한 것을 선택하고 필요 없는 것을 버릴 수 있을 때 우리는 비로소 스스로 일어설 힘을 갖게 된다. 지금껏 필요 없는 것들에 내주던 공간을 되찾아 보자. 꼭 필요한 순간, 꼭 필요한 것들을 그 자리에 놓을 수 있도록 말이다.

바쁠수록 내 자신부터 챙겨야 한다

실화를 바탕으로 한 영화 〈와일드〉는 마약중독자인 주인공이 스스로를 치유하기 위해 '퍼시픽 크레스트 트레일Pacific Crest Trail'을 홀로 여행하는 과정을 담고 있다. 퍼시픽 크레스트 트레일이란 미국의 3대 탐방로 중 하나로, 미국 서부를 따라 멕시코 국경부터 캐나다 국경까지 이어진 극한의 국토 대장정 코스다. 4,286km에 달하는 장거리를 완주하는 데는 약 4개월에서 5개월 정도가 소요된다고 한다.

자기 몸무게의 몇 배에 달하는 배낭을 짊어지고도 밝은 미소를 지어 보이는 주인공. 그러나 시간이 지날수록 그녀의 얼굴은 짜증과 고통으로 얼굴이 일그러져 간다. 한 걸음 한 걸음을 내딛을 때마다 찡그린 코끝으로 땀이 방울져 흐른다.

해가 저문 뒤 녹초가 된 주인공은 겨우겨우 중간 쉼터에 도착한다. 힘들어하는 그녀를 보며, 나이 지긋한 쉼터의 관리자는 말한다. “여행할 때는 꼭 필요한 물건만 최소한으로 챙겨야지.” 그래야 여행길을 완주할 수 있고 여행도 즐길 수 있다고 말이다. 주인공의 간곡한 부탁으로 관리자는 배낭 속 짐을 모두 꺼내 여행에 필요한 물건과 불필요한 물건을 선별해준다. 그렇게 꼭 필요한 물건만을 채운 배낭을 메고 다시 길을 나서는 주인공의 뒷모습은 한결 가벼워 보였고, 발걸음과 표정에서도 앞으로의 여행에 대한 설렘이 느껴졌다.

이 모습을 보며 우리네 사는 모습도 그와 똑같다고 생각했다. 처음 여행 가방을 싸던 날을 떠올려 보자. 여행지에서 뭐가 필요할지 잘 모르기에 이것저것 필요할지도 모르는 물건들을 배낭에 쑤셔 넣지 않았던가. 자신이 감당할 무게를 넘어선 배낭을 메고 고통의 길을 꾸역꾸역 걸어야 했던 주인공의 모습은, 어찌 보면 불필요한 일까지 짊어지고 인생이라는 여행길을 걷고 있는 우리 모습과 묘하게 겹친다. 삶에 정말 필요한 게 무엇인지에 대한 정확한 선택 기준이 없기에, 지나가듯 들은 말에 쉽게 귀가 팔랑거리고, 원하지도 않은 일을 괜스레 떠맡는다. 결국 삶은 필요 없는 것으로만 채워지고, 중요하지 않은 일들을 하다가 하루하루를 마감하게 된다. 이러다 보면 이고 지고 사는 삶의 무게로 어깨는 점점 짓눌린다. 힘들고 고되니 자연스레 고개는 아래로 떨굴 수밖에 없다. 그런 자세로는 주변의 풍광은 물론이고, 주변의 사람들조차 돌보고 살펴볼 여유가 없다. 짐을 가볍게 하거나 짐을 내려놓고 잠시 쉬지 않는 이상 말이다.

가볍고 홀가분한 여행길이 되기 위해서는 꼭 필요한 물건만 챙겨가는 게 기본이듯, 가볍고 홀가분한 삶을 살기 위해서는 불필요한 일을 비우는 것이 우선이다. 그러기 위해서는 가장 먼저 내가 맡은 일의 가짓수를 제한하는 것이 정말 중요하다. 해치우는 일보다 떠맡는 일이 많으면 영원히 허덕일 수밖에 없다.

바쁠수록 좋다는 생각이 드는 이유는, 나를 나답게 하는 일이 무엇인지 모르기 때문이다. 진짜 중요한 일이 무엇인지 잘 모른다는 뜻이다. 기준이 없다 보니 이것저것 일을 벌이기만 한다. 그러다 아무것도 얻지 못하고 기운만 소진한 채 흐지부지 끝난다. 혹은 남들이 떠넘긴 일만 하다가 번아웃이 오거나.

인간관계도 마찬가지다. 관계에 대한 기준이 명확하지 않으면 이런 사람 저런 사람과의 만남으로 에너지만 낭비하게 된다. 그러다 보면 정말 자신의 시간과 관심을 줘야 하는 관계에는 소홀해지고 결국 소원해진다. 그로 인한 외로움은 다른 무엇으로도 채울 수 없다.

호흡은 들이쉬는 들숨과 내쉬는 날숨으로 완성된다. 이 중에 어떤 호흡이 더 중요할까? 물론 들숨 날숨

모두 중요하겠지만, 우리 몸은 내쉬는 숨을 쉴 때 대체로 편안해진다. 들숨이 신선한 공기를 들이마시는 과정이라면, 날숨은 이산화탄소 같은 노폐물을 내뱉는 과정이기 때문이다.

일도 그렇다. 우리가 개운함과 뿌듯함을 느끼는 순간은 일을 시작할 때가 아니라 끝마치고 마무리할 때다. 오히려 일을 시작할 때는 기대감도 있지만, 부담감과 불안감도 함께 찾아오지 않던가. 숨을 내쉬지 못하고 들이쉬기만 하다간 과호흡이 오는 것처럼, 일 또한 시작과 마무리의 비율을 적절하게 유지해야 인생이 편안하게 숨을 쉴 수 있다.

그래서 나는 '다다익선'보다 '과유불급'이라는 사자성어를 더 좋아한다. 채움보다 비움의 관점으로 내 삶과 일을 대할 때, 우리는 더 뿌듯하고 건강한 삶을 지속 가능하게 살아갈 수 있을 것이다.

내가 가까이하는 것들이 나를 만든다

우리는 하루에도 수많은 결정을 내린다. 그런데, 이것이 온전히 나의 선택이기만 할까? 물론 아니라고는 할 수 없다. 하지만, 우리의 선택은 상상 이상으로 주변의 영향을 많이 받는다. 특히 나와 가까이에 있는 것들일수록 더욱 그렇다.

이처럼 주변 관계가 선택에 영향을 미치는 현상을 심리학에서는 '행위설계behavioral architecture'라고 부른다. 이는 1940년대 말 미국의 심리학자 레온 페스팅거

Leon Festinger와 스탠리 샤터Stanley Schachter, 그리고 사회학자 커트 백Kurt W. Back이 실시한 심리실험에서 사용된 개념이다. 이들은 우정이 형성되는 과정을 밝히기 위해 대학 신입생들이 지낼 기숙사를 새롭게 개조했다. 구조상 주변 사람들과 자주 마주치기 쉬운 방과 그렇지 않은 방으로 구분한 것이다.

한 학기가 지났을 무렵, 연구자들은 기숙사에 거주하는 신입생들을 불러 현재 가장 친한 친구 세 사람이 누군지 물었다. 그러자 놀랍게도 응답자 중 42%가 자신의 방과 가까운 곳에 사는 학생들을 꼽았다. 종교, 생활 태도, 정치적 성향이 다름에도 그저 자주 마주치고, 자주 인사하고, 자주 말을 나누는 행위만으로도 가장 친한 친구가 된 것이다.

또 하나 재미있는 사실은, 사람들의 왕래가 잦은 계단 근처에서 거주하는 학생들이 더욱 폭넓은 교우관계를 가지게 되었다는 점이다. 사람이 많이 지나다니는 공간에 거주하면 사람과 마주칠 확률도 높아지기 때문에, 자연스럽게 더 많은 사람과 관계를 맺게 된 것이다.

대인관계 심리학에서도 이와 비슷하게 '근접성의 효과Proximity effect'라는 용어가 있다. 근접성이란 접근이 쉬운 지형, 인접한 거주지 등 물리적으로 가까운 거리에 있는 것을 말한다. 즉 근접성의 효과란 자신과 가까이 살고, 함께 밥을 먹고, 자주 마주치고, 비슷하게 행동하는 사람들에게 더욱 쉽게 친근감을 느끼고 호감을 품는 경향을 의미한다. 당연한 말이지만, 그만큼 그들의 영향을 받기도 쉽다.

이런 연구 결과들을 생각하면 '이웃사촌'이라는 단어나 '눈에서 멀어지면 마음에서도 멀어진다'라는 속담이 정말로 진실을 담고 있는 듯하다. 낯선 사람이라도 자주 보면 친근감을 느껴 친구가 될 확률이 높듯, 반대로 아무리 친한 사이라도 연락도 뜸해지고 자주 만나지 못한다면 멀어질 수밖에 없는 것이다.

우리에게 영향을 주는 것은 사람뿐만이 아니다. 내 주변에 어떤 물건들이 자리하고 있느냐에 따라 그것에 영향을 받을 확률도 높다. 간단한 예를 들어 책상 옆에 과자나 초콜릿을 놓아둔다면, 간식거리를 싹 치웠을 때보다 군것질할 확률이 훨씬 높아지듯이 말이다.

이렇듯 자기 주변에 무엇을 두느냐가 결국 어떻게 행동할 것이냐를 결정한다. 영역을 넓혀 생각하면 아침에 일어나서 잠들 때까지 내가 주로 하는 생각, 말, 냉장고에 넣어둔 음식, 자주 만나는 사람, 옷장 안의 옷 등 나와 가장 가까이에서 함께 하는 모든 것들이 결국 내 마음 상태에 알게 모르게 영향을 미친다고도 할 수 있다.

문제는 우리가 그 영향력을 과소평가한다는 것이다. 그것이 자신에게 좋은지 나쁜지, 이득인지 실인지, 긍정적인 영향을 미치는지 부정적인 영향을 미치는지를 중요하게 고려하지 않은 채, 그리 좋지 않은 것들을 무심코 가까이하곤 한다. 그것들이 알게 모르게 나의 에너지를 야금야금 갉아먹고 있는데도 말이다.

마음의 에너지를 허비하지 않는 삶을 위해서는 가까이에 있는 사람과 물건이 나에게 어떤 영향을 미치는지 살펴보는 의식적인 성찰이 필요하다. 지금 여러분의 주위는 어떠한가? 가까이에 있는 것들 또는 습관화된 행동들이 여러분의 에너지를 채워 주고 있는가, 아니면 고갈시키고 있는가? 다음의 방법을 참고해서 각자 점검해 보자.

첫 번째는 공간 점검이다. 우선 자신이 가장 오래 머무는 곳을 하나 선택한다. 그리고 중앙에 서서 그 공간에 한 자리씩 차지하고 있는 물건들을 쭉 살펴본다. 그러다 보면 눈에 거슬리거나, 기분이 나빠지거나, 이 공간과 어울리지 않은 물건이 하나둘 눈에 들어올 것이다. 그것을 버리거나, 정 아까우면 다른 사람에게 주자. 이 공간을 나에게 진정으로 의미 있는 공간으로 만들기 위해선 '있어야 할 것'보다는 '없어야 할 것'을 먼저 선별해야 한다. 틈날 때마다 버려야 할 것, 옮겨야 할 것, 혹은 처분해야 할 것들을 살피며 공간을 조금씩 정화해 보자. 이렇게 정리하다 보면 필요 없거나, 이미 쓰레기가 되었거나, 의식하지도 못한 상태에서 내 공간을 침범하고 있는 물건들이 생각보다 많다는 사실에 놀라게 될 것이다. 그것들이 나도 모르는 새에 내 주의력과 에너지를 빼앗은 주범이다. 이를 치워버리는 것만으로도, 여러분의 기분은 한층 가벼워질 것이다.

두 번째는 옷장 점검이다. 지금 여러분이 입고 있는 옷이나 집에서 입는 잠옷, 출근하거나 친구를 만나러 갈 때 입는 외출복, 그리고 옷장에 쌓여 있는 옷들이 여러분의 기분을 산뜻하게 해주는 옷인지 축 처지게 하는 옷인지를 점검하는 것이다. 입거나 보기만 해도 기분이 좋아지는 옷이거나, 입었을 때 나의 단점을 커버하고 장점을 부각해 주는 옷이 아니라면 과감히 정리하자. 살 빠지면 입을 수 있을 거라는 생각에 아깝다고 모셔두지 말고 과감하게 치우자. 옷장을 열 때마다 다이어트에 대한 부담감을 마주하며, 여러분의 마음이 조금씩 지쳐가고 있을 테니 말이다.

세 번째는 생활 습관 점검이다. 아침에 일어나자마자 하는 행동, 생각, 말, 그리고 잠들기 직전에 하는 행동, 생각, 말을 돌아보고 관리하는 것이다. 아침에 일어나자마자 하는 첫 행위가 누워서 SNS 보기라거나, 첫 생각이 '오늘도 끔찍한 하루가 시작됐군'이라거나 '일어나기 싫어, 짜증 나'라면 그날 하루는 시작부터 재를 뿌리는 것과 같다. 그뿐만 아니라 아침에 먹는 첫 음식이 가공 처리 과정을 많이 거친 인스턴트 음식이라면 그 또한 하루를 시작하는 최악의 방식이나 다름없다. 그보다는 정성이 담긴 건강한 음식을 먹으며 오늘 하루 기대할 만한 일이나 긍정적인 구석을 찾아보자. 이렇게 하루 동안의 행동, 말, 생각을 점검하고 의도적으로 바꾸려 노력한다면 그날의 기분도 훨씬 좋아질 것이다.

네 번째는 태도 점검이다. 직장인들은 대부분 회사를 '가기 싫지만 가야 하는 곳'이라 생각하곤 한다. 물론 이해도 되지만, 그렇다고 매일 반복해서 가야 하는 직장을 지옥 같은 감옥으로 생각한다면 하루하루가 얼마나 힘들어지겠는가. 그 대신 자신이 하는 일의 가치가 무엇인지, 이 일이 자신에게 어떤 긍정적인 영향을 주는지, 이를 통해 내가 무엇을 이루고 싶은지를 생각해 보자. 간단한 생각만으로도 스트레스를 덜어내는 데 도움이 된다. 아무리 생각해도 의미나 장점을 찾을 수 없다면, 오히려 좋은 일이다. 과감히 그만두거나 이

직할 이유를 찾은 셈이 아닌가?

다섯 번째는 인간관계 점검이다. 자신이 알고 지내는 사람들, 특히 자주 만나는 사람들이 나에게 미치는 영향을 살펴보자. 목소리만 들어도, 생각만 해도 불쾌해지고 기운이 빠지는 사람들이 있을 것이다. 흔히 '에너지 뱀파이어'라고 불리는 사람들이다. 그들에게 자신의 에너지를 기꺼이 내어줄 만큼 아량이 넓고 에너지가 풍족하지 않다면, 다소 매정하게 느껴질지라도 차라리 멀리하는 게 좋다. 경험을 통해 느껴 보았겠지만, 부정적인 말을 일삼는 사람은 그만큼 주변에도 부정적인 영향을 미친다. 오프라 윈프리의 말처럼 나를 더 높은 곳으로 끌어올려 줄 수 있는 사람으로 주변을 채워보자. 자신의 의식을 드높여 주고, 삶을 바라보는 관점에 긍정적인 변화를 주고, 삶을 살아가는 데 힘을 주는 사람들로 SNS 팔로우 목록을 채우는 것도 좋은 방법이다. 얼굴 보며 만나는 사람보다 SNS에서 접하는 사람을 통해 더 많은 영향을 받는 시대이기도 하니까 말이다.

이렇게 다양한 영역들을 점검하면서 내 에너지를 고갈시키는 것들을 정리하자. 치우는 것만 선택이 아니라, 그대로 내버려 두는 것 또한 선택이다. 나를 스스로 갉아먹는 선택을 내리고 싶지 않다면, 그것들을 과감히 버리는 선택을 내려야 한다.

반대로 말하면, 좋은 물건이나 사람으로 주변을 채우는 것도 내가 선택할 수 있다. 부디 여러분이 자신을 위한 선택을 내리길 바란다. 물건을 집안으로 들일 때, 옷을 새로 구매할 때, 사람을 만날 때, 제각기 결정을 내리기에 앞서 이 물건이, 이 사람이, 이 일이 에너지를 채워 주는지 갉아먹는지를 유심히 살펴보는 연습을 하자. 그렇게만 한다면 점점 내게 진정으로 필요한 것들로만 삶을 채울 수 있게 될 것이다.

자신감의 크기가
내 미래의 크기다

내가 일하는 학교 캠퍼스 안에는 비둘기, 까치, 고양이들이 산다. 주변에 먹을 것이 풍부해서인지 다들 털에 윤기가 흐른다. 학교 안에 돌아다니는 까치들은 덩치가 하도 커서 '이것은 까치인가, 닭인가' 헷갈린다는 의미를 담아 '까치닭'으로도 불린다. 우스운 별명이지만 살기 좋은 환경에서 지내니 다행이다 싶다. 싫어하는 사람보다 보살피고 예뻐해 주고 먹을 것을 챙겨 주는 사람들이 더 많으니까 말이다.

하지만 도심 한복판에 사는 동물들의 사정은 정반대다. 꾀죄죄한 몰골로 사람들의 눈치를 보며 먹을 것을 찾아 쓰레기를 뒤지는 비둘기와 고양이, 벌레 한 마리 없을 것 같은 마른 흙을 쪼고 있는 까치들을 보면 언제나 마음이 아프다. 그럴 때마다 학교에 사는 동물들이 떠오르면서 더 좋은 곳에서 편안히 살지 못하는 이 녀석들에게 안타까운 마음이 들기도 한다.

얼마 전 류시화의 《마음챙김의 시》라는 시집을 우연히 얻었다. 무심결에 책을 펼쳤다가 책에 소개된 〈새와 나〉라는 시에 시선이 꽂혔다. 시는 묻는다. 세상 어느 곳으로도 날아갈 수 있는 새들이 왜 항상 한곳에 머물러있는 것일까. 시는 답을 주는 대신 이렇게 끝을 맺는다. "그러다가 문득 나 자신에게도 같은 질문을 던진다."

이 마지막 문장을 읽는데 순간 머리가 멍해지더니 눈물이 차올랐다. 나 또한 도심의 새를 보며 시인과 같은 궁금증을 품은 적이 있다. 하지만 시인과는 달리 나는 그 의문점의 방향을 나에게로 돌리지는 못했다. 그저 그들이 왜 떠나지 못하는지, 왜 변화하지 못하는지, 왜 더러운 땅을 버리지 못하는지 안타깝고 때로는 한심하다고 생각했었다. 그런데 정작 그 모습이 바로 내 모습이라는 걸 시를 통해 직면한 것이다.

왜 우리는 떠나지 못할까. 가장 큰 이유는 두려움 때문일 것이다. 내가 가보지 않은 길에 대한 두려움, 실패할지도 모른다는 두려움, 망신당할지도 모른다는 두려움, 쫄딱 망할지도 모른다는 두려움, 혹은 죽을지도 모른다는 두려움이 보이지 않는 족쇄가 되어 스스로를 가두기 때문이다. 내 인생이 멀리 훨훨 날아가지 못하게 말이다.

그런데 이는 사실 과장된 두려움이다. 살면서 원하는 것을 모두 이룰 수는 없겠지만, 불가능한 것보다는 가능한 것들이 훨씬 많다. 전 세계 희망의 아이콘들이 이를 증명하지 않는가. 사지가 마비되는 루게릭병을 이겨내고 물리학의 역사에 이름을 남긴 스티븐 호킹이나, 불우한 어린 시절을 이겨내고 미국에서 가장 사랑받는 방송인이 된 오프라 윈프리 같은 사람들 말이다. 하지만 우리는 어떤가. 무엇을 할 수 있는지보다 무엇을 할 수 없는지에 더 집중하지 않았던가.

자신을 더 멀리 나아가지 못하게 옥죄는 마음의 족쇄들을 떠올려 보자. 가능하면 직접 눈으로 볼 수 있도록 종이나 메모장에 적어보기를 바란다. 그래야 그 실체가 더욱 분명하게 드러나기 때문이다.

현재 나를 나아가지 못하게 하는 족쇄들을 적어 보니 이런 것들이다.

- 난 새벽 3시에는 절대로 일어날 수 없어.
- 내 연구 실적으로는 전임교수 지원은 힘들어.
- 해외 연구실에서 경험을 쌓고 싶지만 지금 영어 실력으로는 면접도 제대로 못 보고 떨어질 게 분명해.
- 세계 6대 마라톤에 도전해 보고 싶은데 지금 체력으로는 불가능할 거야.

이런 상황에서 우리는 셋 중 하나를 선택한다. 첫 번째 선택은 족쇄를 인정하고 포기하는 것이다. '그래 맞아. 어차피 나는 못 하는 일이야'라면서 말이다. 두 번째 선택은 자신을 비난하는 것이다. '도대체 난 왜 이 모양인 거야?'라는 울분을 쏟아내며 자신을 책망하고, 멋지게 해내는 타인을 부러워한다.

마지막 세 번째 선택은 어떻게 하면 불가능을 가능으로 바꿀 수 있을지 궁리하는 것이다. 이런 선택을 내리는 사람들은 자신을 스스로 비난하거나, 지레 포기하지 않고 현실적인 시각에서 구체적인 실행 계획을 세운다. 이는 어찌 보면 자신에게 변화의 기회를 주는 것이다. 계획대로 되지 않아도 괜찮고, 설령 실패해도 괜찮으니 새장 밖으로 나가보자고 자신에게 손을 내밀어 주는 것이다.

드라마 〈낭만닥터 김사부 2〉에는 이런 대사가 나온다. "포기하는 순간 핑곗거리를 찾게 되고, 할 수 있다고 생각하는 순간 방법을 찾게 된다." 이 말 그대로다. '왜 못하지?' 하고 비난하면 왜 못하는지에 대한 변명거리를 찾게 되고, '어떻게 하지?' 하고 물으면 할 수 있는 방법을 찾게 된다.

아름다운 무늬를 가진 비단잉어는 사는 곳이 좁은 어항인지, 넓은 호수인지에 따라 크기가 달라진다. 사람도 마찬가지다. 내가 세워둔 가능성의 크기에 따라 나의 크기도 달라진다. 내가 머무는 공간을 새장 안으로만 국한한다면 그 속에서 고군분투하다가 생을 마감할 것이다. 하지만 새장 밖의 공간까지로 영역을 확장한다면, 분명 더 큰 세상 위를 훨훨 날아갈 날개를 펼칠 수 있을 것이다.

두려움이 없는 것이 용기가 아니라, 두려움에 다리가 후들거려도 해내는 것이 용기라고 한다. 안전한 울타리 밖으로 나가는 것은 언제나 두려운 일이다. 누구나 그렇다. 그렇지만 족쇄를 끊고 한 걸음이라도 나가 보려는 용기를 낼 때 우리에게 그만큼의 자유가, 그리고 성장이 일어난다. 자유가 없는 삶, 성장이 멈춘 삶은 생명이 다한 삶과 같다.

스쳐지나갈 것들로
인생을 채우지 마라

초판 1쇄 발행 2024년 05월 13일
초판 4쇄 발행 2024년 12월 30일

지은이 고은미
펴낸이 이부연
총괄디렉터 백운호
책임편집 유인엄
표지디자인 데시그

펴낸곳 (주)스몰빅미디어
출판등록 제300-2015-157호(2015년 10월 19일)
주소 서울시 종로구 내수동 새문안로3길 30, 대우빌딩 916호
전화번호 02-722-2260
인쇄·제본 갑우문화사
용지 신광지류유통

ISBN 979-11-91731-63-7 (03190)